全国中等职业学校
课程改革规划新教材

Qiche Peijian Guanli
汽车配件管理

（第3版）

主　　编　钟　声　杨二杰
副 主 编　王　悦　姚大顺　李　杰
丛书总主审　朱　军

人民交通出版社股份有限公司
China Communications Press Co.,Ltd.

内 容 提 要

本书是全国中等职业学校课程改革规划新教材之一,主要内容包括:汽车配件基础知识、汽车常见易损件和常用材料、汽车配件订货管理、汽车配件的配送管理、汽车配件仓储管理、汽车配件销售、汽车配件售后服务、汽车配件商务策划和汽车配件管理与商务的电子化。

本书为中等职业学校汽车运用与维修专业、汽车商务专业的教材,也可供汽车维修企业和汽车配件经营企业管理人员及相关技术人员参考阅读。

图书在版编目(CIP)数据

汽车配件管理 / 钟声,杨二杰主编. —3 版. —北京:人民交通出版社股份有限公司,2019.12
ISBN 978-7-114-15944-2

Ⅰ.①汽⋯ Ⅱ.①钟⋯ ②杨⋯ Ⅲ.①汽车—配件—销售管理—中等专业学校—教材 Ⅳ.①F766

中国版本图书馆 CIP 数据核字(2019)第 247190 号

书 名:	汽车配件管理(第3版)
著 作 者:	钟 声 杨二杰
责任编辑:	戴慧莉
责任校对:	赵媛媛
责任印制:	张 凯
出版发行:	人民交通出版社股份有限公司
地　　址:	(100011)北京市朝阳区安定门外外馆斜街 3 号
网　　址:	http://www.ccpress.com.cn
销售电话:	(010)59757973
总 经 销:	人民交通出版社股份有限公司发行部
经　　销:	各地新华书店
印　　刷:	北京市密东印刷有限公司
开　　本:	787×1092 1/16
印　　张:	13
字　　数:	291 千
版　　次:	2010 年 10 月　第 1 版 2013 年 8 月　第 2 版 2019 年 12 月　第 3 版
印　　次:	2019 年 12 月　第 3 版　第 1 次印刷　总第 10 次印刷
书　　号:	ISBN 978-7-114-15944-2
定　　价:	34.00 元

(有印刷、装订质量问题的图书由本公司负责调换)

全国中等职业学校汽车运用与维修专业
课程改革规划新教材编委会

（排名不分先后）

主　　　任：王永莲(四川交通运输职业学校)　　王德平[贵阳市交通(技工)学校]

副 主 任：韦生键(成都汽车职业技术学校)　　陈晓科(郴州工业交通学校)

　　　　　　张扬群(重庆市渝北职业教育中心)　　刘高全(四川科华高级技工学校)

　　　　　　蒋红梅(重庆立信职业教育中心)　　余波勇(郫县友爱职业技术学校)

　　　　　　姜雪茹(成都市工业职业技术学校)　　袁家武[贵阳市交通(技工)学校]

　　　　　　黄　轶(重庆巴南职业教育中心)　　徐　力(成都工程职业技术学校)

　　　　　　张穗宜(宜宾市工业职业技术学校)　　刘新江(四川交通运输职业学校)

委　　　员：柏令勇　杨二杰　黄仕利　雷小勇　钟　声　夏宇阳　陈　瑜　袁永东

　　　　　　雍朝康　黄靖淋　何陶华　胡竹娅　税发莲　张瑶瑶

　　　　　　盛　夏(四川交通运输职业学校)

　　　　　　谢可平　王　健　李学友　姚秀驰　王　建　汤　达

　　　　　　侯　勇[贵阳市交通(技工)学校]

　　　　　　王丛明　陈凯镁(成都市工业职业技术学校)

　　　　　　韩　超(成都工程职业技术学校)

　　　　　　向　阳　秦政义　曾重荣(成都汽车职业技术学校)

　　　　　　袁　亮　陈淑芬　李　磊(郴州工业交通学校)

　　　　　　向朝贵　丁　全(郫县友爱职业技术学校)

　　　　　　石光成　李朝东(重庆巴南职业教育中心)

　　　　　　唐守均(重庆市渝北职业教育中心)

　　　　　　夏　坤(重庆立信职业教育中心)

　　　　　　周　健　向　平(四川科华高级技工学校)

　　　　　　伍鸿平(宜宾市工业职业技术学校)

丛书总主审：朱　军

秘　　　书：戴慧莉

第3版前言

本套"全国中等职业学校课程改革规划新教材",自2010年首次出版以来,多次重印,被全国多所中等职业院校选为汽车运用与维修专业教学用书,受到了广大师生的好评。2012年根据教学需求,本套教材进行了修订,使之在结构和内容上与教学内容更加吻合,更注重对学生实践能力的培养。

为了体现现代职业教育理念,贴近汽车运用与维修专业实际教学目标,促进"教、学、做"更好地结合,突出对学生技能的培养,使之成为技能型人才,2018年8月,人民交通出版社股份有限公司吸收教材使用院校的意见和建议,组织相关老师,经过充分认真的研究和讨论,确定了修订方案,再次对本套教材进行了修订。

《汽车配件管理》的修订工作,就是在本书第二版的基础上,吸收了教材使用院校教师的意见和建议,在会议确定的修订方案指导下完成的,教材的修订内容主要在以下几个方面:

(1)删除"汽车配件运输""汽车特约维修站的保修索赔工作"单元的学习内容;

(2)增加"汽车配件的配送管理""汽车配件售后服务"单元的学习内容;

(3)在"汽车配件销售"单元中,删除了"汽车配件销售技巧""保持客户关系"的学习内容,增加了"汽车配件的销售渠道""汽车配件营销模式"的学习内容。

本书由四川交通运输职业学校的钟声、杨二杰担任主编,由贵阳市交通技工学校王悦、南充市高坪职业高级中学的姚大顺、江油市职业中学校的李杰担任副主编,四川交通运输职业学校的夏梦丹、李莉参加编写。

限于编者水平,书中难免有疏漏和错误之处,恳请广大读者提出宝贵建议,以便进一步修改和完善。

全国中等职业学校汽车运用与维修专业
课程改革规划新教材编委会
2019 年 2 月

目 录

单元一　汽车配件基础知识 ·· 1
　　一、汽车配件市场的发展与现状 ·· 1
　　二、汽车配件类型 ··· 4
　　三、汽车配件行业术语 ··· 6
　　四、汽车配件的编号规则 ·· 8
　　五、汽车配件目录检索 ·· 11
　　六、安全常识 ·· 16
　　单元小结 ··· 17
　　思考与练习 ·· 18
单元二　汽车常见易损件和常用材料 ·· 20
　　一、汽车常见易损件 ·· 20
　　二、汽车燃油 ·· 31
　　三、发动机机油 ··· 34
　　四、齿轮油与润滑脂 ·· 36
　　五、汽车工作液 ··· 36
　　六、汽车轮胎 ·· 37
　　七、滚动轴承和油封 ·· 39
　　单元小结 ··· 40
　　思考与练习 ·· 41
单元三　汽车配件订货管理 ·· 42
　　一、汽车配件订货管理基本知识 ·· 42
　　二、汽车配件订货程序 ·· 46
　　三、汽车配件采购业务 ·· 49
　　四、汽车配件鉴别与验收 ··· 51
　　单元小结 ··· 57
　　思考与练习 ·· 58
单元四　汽车配件的配送管理 ·· 59
　　一、汽车配件的配送概述 ··· 59
　　二、汽车配件的配送模式 ··· 64

  三、汽车配件的配送业务流程 ………………………………………………… 65
  四、汽车配件的配送中心 ……………………………………………………… 67
  五、案例——神户汽车制造公司的一体化供应链配送 ………………………… 73
  单元小结 …………………………………………………………………………… 74
  思考与练习 ………………………………………………………………………… 75

单元五 汽车配件仓储管理 …………………………………………………… 76
  一、仓储管理的基本概念 ……………………………………………………… 76
  二、汽车配件入库程序 ………………………………………………………… 78
  三、汽车配件仓库布置 ………………………………………………………… 82
  四、汽车配件仓库管理 ………………………………………………………… 94
  五、汽车配件出库程序 ………………………………………………………… 109
  六、仓储零件盘点 ……………………………………………………………… 111
  七、汽车配件仓储经济管理 …………………………………………………… 114
  单元小结 …………………………………………………………………………… 116
  思考与练习 ………………………………………………………………………… 117

单元六 汽车配件销售 ………………………………………………………… 119
  一、汽车配件销售特点 ………………………………………………………… 119
  二、对汽车配件销售人员的基本要求 ………………………………………… 120
  三、汽车配件销售流程 ………………………………………………………… 124
  四、汽车配件销售渠道 ………………………………………………………… 127
  五、汽车配件营销模式 ………………………………………………………… 129
  六、汽车配件营销组合策略 …………………………………………………… 141
  单元小结 …………………………………………………………………………… 145
  思考与练习 ………………………………………………………………………… 145

单元七 汽车配件售后服务 …………………………………………………… 147
  一、保持客户关系 ……………………………………………………………… 147
  二、汽车配件替换服务 ………………………………………………………… 150
  三、汽车配件质量担保与索赔 ………………………………………………… 152
  四、特约维修站的保修与索赔工作 …………………………………………… 153
  单元小结 …………………………………………………………………………… 164
  思考与练习 ………………………………………………………………………… 164

单元八 汽车配件商务策划 …………………………………………………… 165
  一、营业场地布置 ……………………………………………………………… 165
  二、汽车配件陈列 ……………………………………………………………… 167
  单元小结 …………………………………………………………………………… 172
  思考与练习 ………………………………………………………………………… 172

单元九 汽车配件管理与商务的电子化 …………………………………… 173
  一、计算机技术在汽车配件管理系统中的应用 ……………………………… 173

二、汽车配件库房管理系统 …………………………………………………… 175
三、汽车配件电子商务应用 …………………………………………………… 186
单元小结 …………………………………………………………………………… 189
思考与练习 ………………………………………………………………………… 189
附录一　全球著名汽车零部件商 ………………………………………………… 190
附录二　配件主组号和分组号的代码分类情况 ………………………………… 193
参考文献 ………………………………………………………………………………… 195

单元一 汽车配件基础知识

学习目标

完成本单元学习后,你应能:
1. 了解世界及我国汽车配件行业的发展史;
2. 掌握世界及我国汽车配件业的现状;
3. 了解汽车配件的类型;
4. 了解汽车配件行业术语;
5. 掌握汽车零配件的编号规则;
6. 掌握汽车配件目录的内容及检索;
7. 了解消防常识。

建议学时:8学时

一、汽车配件市场的发展与现状

1. 世界汽车配件市场现状

模块化、系统化、集团化、独立化、高附加值化和高新技术化是当前世界汽车配件行业的发展趋势。

1) 供货模块化、系统化

所谓供货模块化,是指汽车配件厂把配件组合成模块。例如,德尔福汽车系统公司率先于1995年把车门内的61个零件变成1件,创下了零件组合、简化的纪录。这种安全自锁件,不但可以节省工时,而且可以减少装配中的差错、减小质量和降低噪声,这种车门已被制造商应用到1997年出厂的轿车上。

所谓供货系统化,是指配件供应商向整车厂提供的不是单个配件,而是能使整车装备省时和降低成本的组合件或系统。这样,供应商不但能取得更多的订单,而且在配件集成过程中创造了新的价值,从而可获得更多的利润。例如,奥迪公司C5型轿车的开发就采用了系统分割模式,除整车厂自制部分外,所有总成及配件集成为35个系统。以车头模块为例,该系统由4大部分组成:散热器、冷凝器、车灯组件(含吸气弯管、保险杠支座、喇叭等)和前段框架(含横臂、前端面板、锁扣等)。4个部件的配套厂(二级配套)将部件送往奥迪公司所属的车头模块系统组装厂(一级配套),在该厂组装成系统模块后直接送总装厂。这种系统化供货方式减少了50多个奥迪C5的总装线工位。

2)集团化、独立化

(1)纵横兼并与集中。为了满足整车厂对配件供应商技术水平和供货方式的要求,配件产业开始兼并、扩大规模、提高生产集中度。近年来,汽车配件供应商们一直在为加强实力而进行联合,为参与全球的角逐而竭尽全力。在这场兼并风波中,保留下来的是具有很强技术实力的一线供应商。

(2)配件企业从母体中独立。由于整车厂向全球拓展,配件厂要跟随整车厂参与国际合作。更重要的是,配件厂只有参与国际分工,才有可能不断提高专业化水平,实现规模经营,提高竞争实力。因此,相当数量的配件企业,如日本电装公司、德尔福公司、维斯通公司、爱信公司、本特勒公司等相继从母公司中独立,并发展成为国际性配件集团。而配件公司(集团)自身的部分企业也在按专业化分工,逐渐从核心层中剥离出来,如德尔福公司下属配件厂就由三百多家减少到一百多家。

3)高附加值化和高新技术化

当前,世界汽车配件企业的经营发展方向是产品的高附加值化和高新技术化。如美国汽车音响设备的生产,原集中在三大汽车公司,后来一般音响设备的生产线被逐渐转移到国外,国内只保留新式、先进和高附加值的产品。因此,美国汽车音响设备的生产能力虽下降近一半,利润却提高了3倍以上。

2. 我国汽车配件行业的发展与现状

1)我国汽车行业的发展与现状

我国汽车生产企业经过60多年的建设和发展,从无到有,从少到多,已经形成了以大型骨干企业集团为主的各大生产基地,汽车工业在国民经济中的重要地位已被广泛确认。我国近几年的汽车产量如图1-1所示。

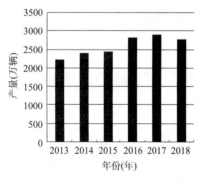

图1-1 我国近几年的汽车产量

2)我国汽车配件行业的发展历程

我国汽车配件行业是随着汽车生产的发展而逐步建立起来的,大致可分为以下几个阶段。

(1)兴起阶段。第一阶段为新中国成立后到1978年,这一时期的主要特点是以整车带动配件发展。1956年,第一汽车制造厂建立,后来南京汽车制造厂、陕西汽车制造厂和第二汽车制造厂等相继建立,迎来了我国第一次"汽车热"。其间,为与整车厂配套,一批汽车配件厂也相继建立。但绝大多数配件企业生产水平很低,生产规模很小,无产品开发和更新能力,产品质量差、价格高,并且只能与规定厂家配套,不能任意销售到其他整车企业。

(2)波动阶段。第二阶段为1978年开始到20世纪90年代中期。这一时期配件发展的主要特点仍然是以围绕整车配套为主。20世纪80年代中后期,随着国家经济的高速发展,卖方市场出现,国家布置了"三大、三小、二微"的生产格局,决定把汽车工业建设成为国民经济的支柱产业,我国由此迎来了第二次"汽车热"。供不应求的局面以及汽车工业作为支柱产业的发展前景,吸引了各地政府投资进入汽车配件生产领域,一大批中小型配件企业涌现出来。这些企业规模小,80%以上的销售额在1亿元以下;重复建设严重;数量庞大,全国定点配件生产厂家2000家,实际达5000家;技术力量薄弱;生产设备简陋;排他性的采购原则迫使一些配件企业依附于某家整车厂而生存。

(3)过渡阶段。第三阶段为20世纪90年代中期以后。这一时期的主要特点是配件企业规模与技术平行发展。二十多年来,我国汽车配件工业无论是在生产能力、产品品种上,还是在管理与技术水平、技术创新能力上都取得了长足的发展。

3)我国汽车配件行业现状

中国的汽车及汽车配件已经成为全球生产、全球供应体系中的重要一环。几乎所有的世界著名汽车配件巨头都已经进入中国市场,而中国企业生产的汽车轮胎、汽车玻璃、汽车音响等零部件也大量销往海外。但随着全球汽车配件供应商市场集中度的提高,一级供应商的数量不断减少,导致金字塔结构中整车制造商与一级供应商的结构发生变化,少数企业垄断某领域配件的生产,从而向多家整车制造商供货。2018年全球零部件供应商前十大企业排名如图1-2所示。

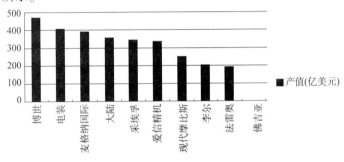

图1-2 2018年全球10大汽车配件供应商营业收入

与国际主流的汽车配件厂商相比,我国汽车配件企业的规模还有很大的上升空间。截至2018年,仅有潍柴动力与华域汽车两个企业的年收入达到了200亿美元以上的级别,其余企业均处于100亿美元年收入以下;我国汽车零部件企业尚处于成长期,依旧与国际一流零部件厂商存在一定差距。

中国作为汽车配件全球生产和采购的重要一环,贸易顺差逐步提高。我国汽车配件净出口额从2014年的3037亿元上升到2017年的3346亿元。同时,中国汽车零部件出口相对进口的比重逐年增加,到2017年已经达到了39.07%。一方面由于金融危机以来,以美国为首的成熟市场和以俄罗斯为首的新兴市场,汽车销量正在恢复;另一方面,后危机时代进一步控制成本的要求,也迫使通用、大众等欧美整车厂寻求加大对新兴市场零部件采购的比例。而中国较为低廉的人工费用及场地费用,都使得汽车零部件企业在国际上具备价格优势。

本土汽车配件企业的自主研发能力较国际一线配件企业依旧存在着较大的差距,特别是对于整车主要总成和关键零部件的核心技术尤为缺乏。虽然截止到2017年,我国汽车零部件行业的研发投入占营业总收入比较2011年提升了很多,达到了4.32%(2011年为1.4%);但是,相对于国际平均占比(6.6%)还存在着一定的提升空间;如果这种状况得以改变,那么本土汽车配件企业的整体技术和研发能力也将会得到大幅改观。

2010—2018年,我国汽车零部件制造业销售收入逐年增长,增速呈现波动下降的趋势。2010—2018年我国汽车零部件制造行业销售收入及增长趋势如图1-3所示。

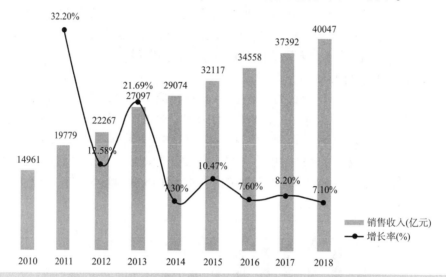

图1-3 2010—2018年我国汽车零部件制造行业销售收入及增长趋势

二、汽车配件类型

一辆汽车的组成零件数以万计,按用途可将汽车配件分为三类:维修零件、附件和油液。

1. 维修零件

维修零件,是指保证汽车正常运行所必需的零件,这些零件对保持车辆的行驶性、安全性和舒适性等性能是必不可少的。维修零件按照组成的不同可分为以下几类。

图1-4 活塞

1)零件

不采用装配工序制成的单一成品、单个制件,或由两个以上连在一起并具有规定功能,通常不能再分解的制件就是零件,如轮胎、轮毂、活塞(图1-4)等。

2)分总成

将两个或两个以上的零件采用装配工序组合到一起,对总成有隶属装配级别关系的部分就是分总成,如离合器片、活塞连杆(图1-5)、减振器、玻璃升降器等。

3)总成

两个或两个以上的单个零件或分总成装配成的组合件,能单独起到一个机构的作用,如前照灯总成、发动机总成(图1-6)、发电机总成等。

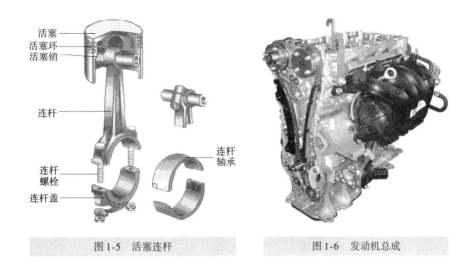

图1-5 活塞连杆　　　　　图1-6 发动机总成

4) 组件

为便于维修,在市场供货时将一个主要功能件与几个零件组合成一个组件,如刮水器组件、制动器组件、活塞环组件(图1-7)等,但组件不能单独起到某一机构的作用。

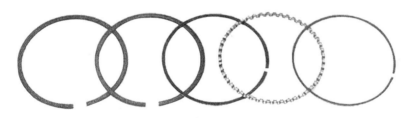

图1-7 活塞环组件

5) 套件

在修理过程中,某些系统零件要求同时全部更换,在市场供货时一般采用套件的形式,如发动机大修包、半轴修理包、转向器修理包(图1-8)等。

图1-8 转向器修理包

6）车身覆盖件

由板材冲压、焊接成型,并覆盖汽车车身的零件称为车身覆盖件,如散热器罩、翼子板、前保险杠(图1-9)等。

图1-9　前保险杠

2. 附件

附件,又名精品,是指用来改善或提高车辆乘坐舒适性、行驶安全性等性能的附加设备,如空调、音响设备(图1-10)、地毯、防撞护栅、遮阳板等。附件并不影响车辆的基本行驶性能。

图1-10　音响设备

油液的内容将在单元二中详细讲述。

三、汽车配件行业术语

一名合格的汽车配件管理人员,必须具备很强的专业素质,才能胜任工作。专业素质最直接、最基本的表现就是对配件行业术语的熟练掌握与应用。

1. 车辆基本术语

车辆基本术语包括对汽车品牌、制造厂家、年款、车型、车身类型、车辆配置、驱动类型、生产方式(进口、散件组装等)、车型参数等与车辆相关信息的专业化描述。如对一辆奔驰MB100的准确描述如下:1994年在韩国以散件组装方式出产的奔驰MB100小型客车,出口地是中国,VIN编码为……(17位字符)。

2. 配件基本情况

要详细了解包括配件分类、材料、形式、各项技术参数、配件来源、生产厂家及品牌、相关产品和配套工具等方面的知识。

例如,某客户要购买螺栓(图1-11),你至少要问以下几个问题才能准确把握客户的需求:六角头还是方头,或者其他形式;螺纹是英制还是公制;螺栓直径是多少;螺距是多少,1.5mm、1.75mm还是2.0mm;螺栓长度是多少,是全螺纹还是一段螺纹;精度等级为A级、B级还是C级;性能等级为8.8级还是10.9级;国产的还是进口的(注意进口螺栓性能等级与国产螺栓的对照关系);要不要同时更换垫圈和螺母之类的配合零件;是否需要带密封胶(润滑脂)的产品,还是另购密封胶(润滑脂);螺栓形式特殊的,是否需要采购配套的拆装工具。

图1-11 各种汽车用螺栓

当对汽车配件专业术语的应用和对客户需求信息的把握驾轻就熟时,距离你成为一名优秀的汽车配件管理员已经不远了。

3. 配件的其他常见术语

客户向汽车配件经销商购买配件时,配件销售人员一般会问客户是要"原厂件",还是要"副厂件",这是由于配件的来源渠道不同导致的。配件来源渠道的不同,价格可能会相差较大,当然质量也会有差别。根据配件来源渠道的不同,一般可以将配件分为原厂件、副厂件、下线件、拆车件和翻新件等。

原厂件又称配套件,是指为汽车制造厂家配套的装车件,有汽车厂商的标识和统一的配件编号。配套件一般会有配件生产厂家的商标、详细厂名和地址等。此类配件原则上只在厂家授权的服务站流通,不能在市场流通。

副厂件又称非配套件。一般来说,副厂件是指原厂装车件以外的配件。不管是世界名牌厂家的产品,还是山寨厂生产的产品,都可以叫副厂件。由于范围太大,副厂件的质量往往良莠不齐。

下线件就是从汽车组装生产线上下来的配件,有的是在装车前检验不合格的配件,也有在生产过程中或运输中损坏的配件,也有配套厂生产的次品,还有一些是做过试验或检测的配件,外观件居多。如果真正是从生产线上淘汰下来的配件,其质量还是不错的,只不过都有一点瑕疵(因为新车配件是不能有一点瑕疵的,更不能用修复件装车,所以有一点划痕或漆面有一点不均匀,都会被淘汰下来)。正常情况下,这些配件是不应该流入市场的,但市场中还是存在下线件。

拆车件(图1-12),是指从报废车辆上拆下的零件,取自事故车、报废车上未损坏的原厂配件。此类配件一般为原厂装车的配件,因相关车辆保有量稀少或配件已经停产等因素制约而存在。

翻新件(图1-13)指经过专业厂家的重新修复或加工后,能够满足使用性能并有质量保障的配件,如翻新的自动变速器、液力变矩器、前照灯等。

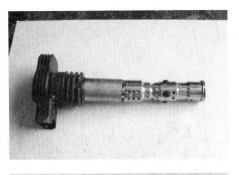
图 1-12　拆车件

图 1-13　翻新件

四、汽车配件的编号规则

汽车设计、生产是一项由许多部门和人员参与的、极其复杂的系统工程,因此,在配件的设计、生产中,必须遵循统一的标准和规范。国内外各大汽车厂商都制定了适合自己的汽车配件编号体系。由于国产汽车厂商归属部委各不相同,采用的标准有一些差异,但它们的指导思想和基本原则是相同的。

1. 国产配件编号的规律

为便于汽车零部件的检索、流通和供应,我国汽车行业有《汽车零部件编号规则》,把汽车零部件分为 64 个大组(见附录二),方法简要介绍如下。

1)汽车零部件编号的基本规则

如图 1-14 所示,结构分区号位于件号之后,表示该零件总成或总成装置的不同结构;结构分区号位于组号和分组号之后,表示该组或该分组的系统总成或装置的不同结构。

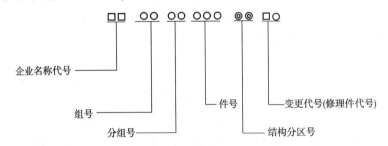

图 1-14　汽车零部件编号的构成形式

2)不属于独立总成的零部件编号

对于不属于独立总成的连接件或操纵件,编号的构成形式如图 1-15 所示。

图 1-15　连接件或操纵件编号的构成形式

3)属于独立总成的零部件编号

属于独立总成的零部件编号,如图 1-16 所示。

图1-16 独立总成的零部件编号的构成形式

4）标准的主要内容及适用范围

（1）企业名称代号，如南京跃进，标记NJ，在公开出版的配件目录中一般不出现该代号。

（2）结构分区号，用来区别一类配件的不同结构、参数特征的代号。它标记在主组号和分组号、分组号和件号，或件号和变更号之间，一般零件无此代号。

（3）变更代号，用来表示零件设计更新的代号。

（4）组号、分组号，国产汽车配件编号的组号和分组号应用情况见附录。

2. 丰田汽车零部件编号的基本规则

丰田汽车零部件编号通常由10位数（但也有12位数）组成，零部件编号不是数字和字母符号的简单排列，每个编号都有其特定的意义。每个零部件编号包括三部分：基本号、设计号和辅助号，如图1-17所示。

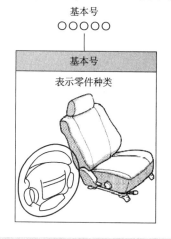
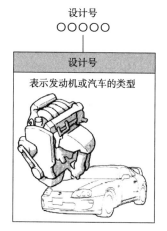
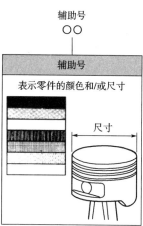

图1-17 丰田汽车零部件编号

1）配件号的第一位规律（表1-1）

●○○○○—○○○○○—○○

配件号的第一位规律 表1-1

数字代号	表示的内容
1,2	发动机和燃油系统
3,4	传动系统和底盘
5,6,7	车身零件（车外板、车内饰件）
8	电器零件
9	标准件与半标准件

2）配件号的第二位规律

在第一位号码之后,零件编号的第二位用以进一步区分零件的类型。

3）普通件编号

普通件分为单一件、半总成件和总成件。

（1）单一件的配件基本号（品名编号）各位都没有零,例如 16271—50010 表示冷却液泵垫片、88471—30370 表示空调系统的干燥瓶、13568—49035 表示发动机的正时传动带等。

（2）半总成件的零件基本号中的第三位数或第四位数为零,或者第三、第四位数都为零,但是,第五位不为零。例如 13405—46040 表示飞轮、35013—30300 表示自动变速器的油尺套管、67002—30730 表示右前门的嵌（饰）板等。

（3）总成件的零件基本号中的第五位为零,当组成件数越多,则第三、第四位数也为零。例如 16110—49146 表示冷却液泵总成（不带耦合器）、16100—49835 表示冷却液泵总成（带耦合器）、19000—46100 表示发动机总成等。

4）标准件与半标准件编号（图1-18）

标准件的第二位数为非"0"数字,半标准件的第二位数为零。

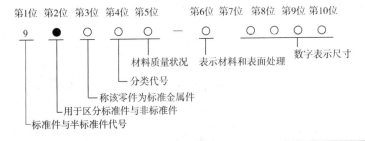

图1-18 标准件与半标准件的编号

5）组件编号

组件的设计号第二位用9或者前两位用80表示,第十位用5~9的数字,如图1-19所示。例如,83320—80266 表示燃油传感器。

图1-19 组件编号

6）修理包编号

修理包的配件基本号中的前两位总是用04来表示,如图1-20所示,例如04111—46030 表示发动机的大修包、04351—30150 表示变速器的大修包、04993—33090 表示制动主和套件/修理包等。

7）工具编号

工具编号一般以09开头,如图1-21所示,但是,部分随车工具例外。

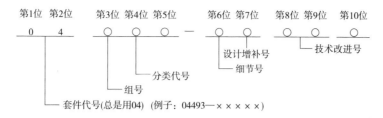

图 1-20　修理包编号

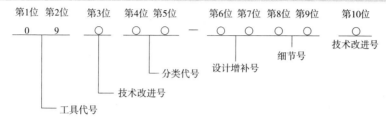

图 1-21　工具编号

8）精品与矿物油编号

精品与矿物油编号一般以 08 开头，如图 1-22 所示。

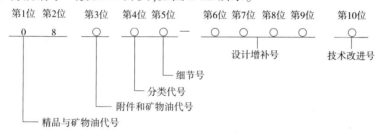

图 1-22　精品与矿物油编号

3. 大众汽车配件编号的基本规则

国内一汽-大众、上汽大众均采用了德国大众的配件编号规则，如图 1-23 所示。

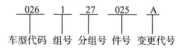

图 1-23　大众汽车配件编号规则

查一查

大众汽车配件编号的详细规则。

五、汽车配件目录检索

配件目录通常由汽车制造厂家的生产设计部门编写，一般会定时向售后维修站发布。根据配件目录能够准确地确定配件的名称、编码、适用车型等相关信息。

1. 配件目录的内容

配件目录一般根据原厂的生产设计资料编制,是配件流通中的技术标准。常见的配件目录有书本、胶片、电子(以软盘、光盘等为存储介质)三种形式,随着互联网技术的发展,网络电子目录(如中车在线网 www.713.com.cn 上的配件目录)也逐渐得到广泛的应用。典型的配件目录,如图1-24所示。

从图1-24和表1-2可以看出配件目录主要包括以下内容。

车型	起始年份	图号	修改日期	$	序号	零件编号	零件名称	零件说明	装车数量	Model
Polo(劲?)		311-32					齿轮与轴			HGF,GSK,JXJ
							从动轴			JGZ
							用于5-挡机械变速器			
					1	02T 311 3T3 D	从动轴	59/15	1	GSK,GJZ
					1A	02T 311 205 E	从动轴	67/16	1	HGF,JHJ
					(1A)	02T 311 205 AE	从动轴	59/15	1	GSK,JGZ
					1B	02T 311 467	弹性垫圈		1	
					2	02T 311 3T3 D	滚柱形套筒	55132X10	1	HGF,JHJ
					2+1C	02T 311 3T2 A	滚柱形套筒	55126018	1	GSK,JGZ
					3	02T 311 351 H	齿轮	第4挡	1	HGF,JHJ
					(3)	02T 311 351 E	齿轮	第4挡 40/39	1	GSK,JGZ
					4	02T 311 317	弹性垫圈	32,030002,4	3	
					4A	02T 311 321	弹性垫圈	28,3X36,312,5	1	
					5	02T 311 285 Q	齿轮	第3挡 41/32	1	HGF,JHJ
					(5)	02T 311 285 H	齿轮	41/31	1	GSK,JGZ
					6	02T 311 261 A	游动齿轮	第2挡 Z=43/22	1	HGF,JHJ
					(6)	02T 311 261 G	游动齿轮	第2挡 Z=44/21	1	GSK,JGZ
					7	02T 311 265 C	滚针笼	30,5X35,5126,5	1	
					8	085 311 2T7	同步环 内	第1/2挡	2	
					9	085 311 2T9	外圈	第1/2挡	2	

图1-24 配件目录

典型汽车配件目录示例　　表1-2

商品名称	原厂编码	厂商	车型	备注	操作	产品
球面插头	895827439B	上汽大众	上汽大众共用件		暂无	
盖罩	895857621	上汽大众	朗逸		详细	
刮水片胶条	895955429	上汽大众	桑塔纳3000	550mm	详细	
仪表板总成	THN857002	上汽大众	帕萨特	杂物箱无锁孔	详细	
膨胀式螺母	WHT000025	上汽大众	帕萨特领驭	$8 \times 13 \times 1$ $4 \times 13 \times 1$	详细	

1) 配件插图

配件插图是配件目录的主要组成部分,一般采用轴侧图来表现系统各零件的相对位置和装配关系。按照国家标准,在配件插图中标有图中序号,使用时要特别注意零件之间的包含关系。

2) 配件编号

配件编号是配件唯一准确的编号,贯穿配件设计、生产、采购、销售、维修各个环节。它是配件订货和销售时最重要的要素,所有的配件订单和销售单据必须清楚标示出配件编号。

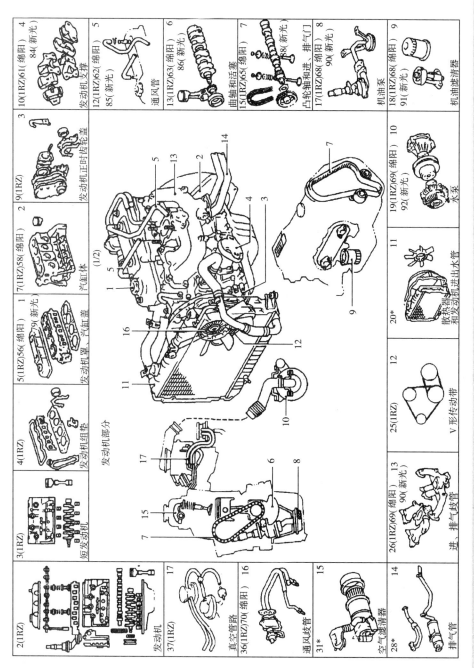

图 1-25 配件目录的图形索引

3）配件名称

配件名称主要是在设计和生产中使用的名称,它是根据配件的特点,结合标准为配件赋予的一个文字符号,但指代和区分能力较弱,一般用于配件管理中,作描述性说明和补充手段。

4）全车用量

全车用量,是指给出该配件在一辆车上的使用数量。

5）备注

备注是配件目录中十分重要的部分,一般用来补充说明配件的参数、材料、颜色、适用年款、车型以及其他配置信息等。如"螺栓,M12—1.75×70,2011—2012,六缸机""缸体、铝合金,适用于2015年6月以后的1.6L电喷发动机"。备注信息提供了配件适用范围的准确描述,因此在采购和销售汽车配件时一定要注意该栏的说明。

6）其他

在配件目录中,一般都附有厂家对该配件目录适用范围、使用方法的详细说明,请在使用之前仔细阅读。

2. 配件目录的检索

由于采用的存储方式不同,不同形式配件目录的检索方式也各不相同。

1）书本配件目录的检索

首先,选择合适的配件目录版本。根据所要查找的配件适用的年份、车型、配置,尽量选择原厂出版的满足要求的最新配件目录。

其次,通读配件目录的前言和相关说明,了解配件目录的内容、编号格式以及使用方法。

再次,结合汽车配件专业知识,在目录索引中查找零件所属的主组和分组,获得对应的页码(或图号)信息,如图1-25所示。

最后,在指定页码中,对照零件插图,确认所查件的图中序号,对照零件一览表就能查到该零件的所有相关信息(图1-24)。

2）微缩胶片配件目录的检索

微缩胶片也是一种常见的配件目录存储方式,由于需要专门的阅读工具,而且使用和保存的要求条件较多,在汽车配件管理中应用并不广泛,这里不再详述。

3）电子配件目录的检索

电子配件目录具有信息量大、查询简单、更新方便、成本低的特点,因此在配件管理领域获得了广泛的应用,如图1-26所示。各大厂商根据本身的需要开发了相应的配件服务系统,结构和功能之间虽有较大的差异,但基本内容是一致的,都包含所有车辆配件的相关信息。此外,第三方数据公司也提供了大量

图1-26 电子配件目录

的汽车配件目录,比较知名的有 Mitchell、Alldata、Motor 等公司的产品。下面,以 Mitchell 公司的 Partspoint 为例,讲解汽车配件目录的查询方法。

步骤一:依次选定所需检索的年、厂、型、子车型、车身形式、系列,即可进入配件目录,如图 1-27 所示。如果无法确定年、厂、型等信息,也可利用系统提供的 VIN 解码功能获得。

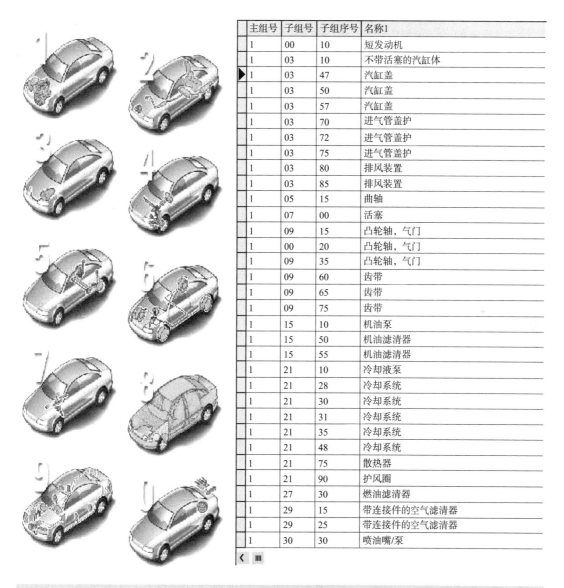

主组号	子组号	子组序号	名称1
1	00	10	短发动机
1	03	10	不带活塞的汽缸体
1	03	47	汽缸盖
1	03	50	汽缸盖
1	03	57	汽缸盖
1	03	70	进气管盖护
1	03	72	进气管盖护
1	03	75	进气管盖护
1	03	80	排风装置
1	03	85	排风装置
1	05	15	曲轴
1	07	00	活塞
1	09	15	凸轮轴,气门
1	00	20	凸轮轴,气门
1	09	35	凸轮轴,气门
1	09	60	齿带
1	09	65	齿带
1	09	75	齿带
1	15	10	机油泵
1	15	50	机油滤清器
1	15	55	机油滤清器
1	21	10	冷却液泵
1	21	28	冷却系统
1	21	30	冷却系统
1	21	31	冷却系统
1	21	35	冷却系统
1	21	48	冷却系统
1	21	75	散热器
1	21	90	护风圈
1	27	30	燃油滤清器
1	29	15	带连接件的空气滤清器
1	29	25	带连接件的空气滤清器
1	30	30	喷油嘴/泵

图 1-27 依据车型进入配件目录

步骤二:根据零件所属的主组和分组,结合零件插图,找到指定的零件。

3. 其他技术服务资料的使用

除配件目录外,其他与配件相关的技术服务资料在配件管理中也十分重要。

1) 零配件变更通知

配件目录发行后,有关的零配件或型号有新的变化时,厂家为调整售后服务市场,将随时发布相应的零配件变更通知。

2) 替换件目录

经过技术改进或改型后,旧零件与新零件之间有互换性,需要用新零件号替换旧零件号。厂家一般在较大的改型后都会发布相应的替换件目录,指导配件流通。

3) 通用互换手册

一个厂家的多个车型或者多个厂家的多个车型,可能都会采用相同的零件,它们可能编号不同,但同样具有互换性。部分厂家或者第三方出版的不同车型、不同厂家的配件通用互换手册,用以指导这部分配件的经营。

4. 目录维护

某一款车型推出来以后,其沿袭车型的技术改进和配件变更是不断进行的,价格也随着市场时刻变化,因此,配件目录维护是一件十分重要的工作。

六、安 全 常 识

汽车配件中有大量易燃、易爆等危险物品(如发动机机油等油料)存在,在管理的过程中稍有不慎,极易引起燃烧、爆炸等火灾事故发生;在搬运大型汽车配件(如发动机总成)时,还需要动用各种搬运机械,如果操作有误很有可能造成工伤事故。因此,必须牢牢树立"安全管理、预防为主"的管理方针。下面我们就针对汽车配件管理过程中涉及的安全知识作简单的介绍。

1. 消防常识

1) 防火措施

(1) 只能在吸烟区吸烟。

(2) 通道和出口不能储放物品和废物。

(3) 迅速移开废纸、包装箱、旧布等易燃物质。

(4) 确定电器具(电炉等)在下班后关掉,包括电脑及电脑监视仪等。

(5) 及时更换任何破裂、磨损或损坏的电插座。

图1-28 典型的易燃品存储柜

(6) 易燃品应存放在专门的存储柜内,如图1-28所示。

2) 正确使用灭火器

要了解所有灭火器的放置位置,灭火时,一定要使用适合相应火险类别的灭火器。通用干粉灭火剂适用于扑灭一般易燃物、易燃液体和电器着火。干粉灭火器的使用方法如图1-29所示。汽油着火时,切不可向火中浇水,水会使火焰进一步蔓延。起火后,除非特别需要,否则千万不要打开门窗,因为通风会使火势更加猛烈。出现火情时,一定要及时与消防部门联系。

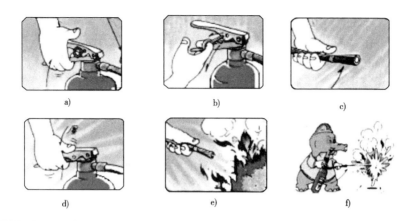

图1-29　干粉灭火器的使用方法
a)提起灭火器；b)拉开安全销；c)握住皮管,朝向火苗；d)用力握下手压柄；e)朝向火源根部喷；f)左右移动扫射

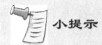 小提示

如果发生火灾,任何情况下,都应该先拉警报。

2. 正确的人工搬运

只能举升和搬运力所能及的重物,没有把握时,应找人帮忙。体积很小、很紧凑的零部件有时也会很重,或者不好平衡。正确的人工搬运姿势如图1-30所示。

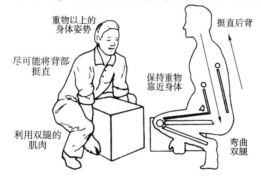

图1-30　正确的人工搬运姿势

 想一想

沾油抹布和毛巾应怎么放置？

 单元小结

(1)模块化、系统化、集团化、独立化、高附加值化和高新技术化是当前世界汽车配件行

业的发展趋势。

（2）我国汽车配件行业是随着汽车生产的发展而逐步建立起来的,大致可分为兴起阶段、波动阶段和过渡阶段。

（3）我国汽车零部件生产企业脱离整车企业并形成专业化零部件集团,一批科技含量高、效益好、规模大的汽车及零部件企业逐步成长起来。

（4）汽车配件类型。

①按用途将汽车配件分为三类:维修零件、附件和油液。

②维修零件,是指保证汽车正常运行所必需的零件,这些零件对于保持车辆的行驶性、安全性和舒适性等性能是必不可少的。

③附件,是指用来改善或提高车辆乘坐舒适性、行驶安全性等性能的附加设备。

（5）汽车配件行业术语。

①车辆基本术语,包括对汽车品牌、制造厂家、年款、车型、车身形式、车辆配置、驱动形式、生产方式(进口、散件组装等)、车型参数等与车辆相关信息的专业化描述。

②配件基本情况。要详细了解包括配件分类、材料、形式、各项技术参数、配件来源、生产厂家及品牌、相关产品和配套工具等方面的知识。

③根据配件来源渠道的不同,一般可以将配件分为原厂件、副厂件、下线件、拆车件和翻新件等。

（6）汽车零配件的编号规则。

①国产配件编号的规律。为便于对汽车零部件的检索、流通和供应,我国汽车行业有《汽车零部件编号规则》,把汽车零部件分为64个大组。

②部分国内合资生产的汽车配件编号体系沿用了国外原厂家的配件编号体系,与国产汽车有较大的差异,但其编号的基本思想是一致的。

（7）汽车配件目录检索。

①常见的配件目录有书本、胶片、电子(以软盘、光盘等为存储介质)三种形式,随着互联网技术的发展,网络电子目录也逐渐得到广泛的应用。

②要注意配件目录的维护。

③其他技术服务资料的使用:零配件变更通知、替换件目录、通用互换手册。

（8）安全常识。

①要有完善的消防措施,掌握灭火器的正确使用方法。

②掌握搬运重物的正确方法。

思考与练习

一、填空题

1. 我国汽车配件行业是随着汽车生产的发展而逐步建立起来的,大致可分为兴起阶段、_____、_____三个阶段。

2. 一辆汽车的组成零件数以万计,按用途将汽车配件分为三类:_____、_____和_____。

3. 两个或两个以上的单个_____或_____装配成的组合件,能单独起到一个机构的作用,称为总成。

4. 原厂件又称配套件,一般会有配件生产厂家的_____和_____等。

5. 配件插图是_____的主要组成部分,一般采用轴侧图来表现系统各零件的_____和装配关系。

6. 常见的配件目录有_____、_____、_____三种形式,随着互联网技术的发展,网络电子目录也逐渐得到广泛的应用。

二、选择题

1. 在一个完全成熟国际化汽车市场,有_____的利润是在其服务领域中产生的。
   A. 40%~50%   B. 50%~60%
   C. 60%~70%   D. 30%~40%

2. _____是不采用装配工序制成的单一成品、单个制件,或由两个以上连在一起具有规定功能,通常不能再分解的制件。
   A. 分总成   B. 总成
   C. 零件   D. 组件

3. _____是指用来改善或提高车辆乘坐舒适性、行驶安全性等性能的附加设备。
   A. 附件   B. 维修零件
   C. 组件   D. 油液

4. _____是配件的唯一准确的编号,贯穿配件设计、生产、采购、销售、维修各个环节。是配件订货和销售的最准确的要素。
   A. 配件名称   B. 配件编号
   C. 配件插图   D. 配件形状

三、简答题

1. 世界汽车配件行业的现状是什么?
2. 简述我国汽车配件行业的发展与现状。
3. 什么是汽车附件?什么是维修零件?
4. 副厂件一定比原厂件的质量差吗?为什么?
5. 怎样进行书本配件目录的检索?
6. 怎样正确使用灭火器?

单元二　汽车常见易损件和常用材料

学习目标

完成本单元学习后,你应能:
1. 掌握汽车发动机、底盘、电气设备和车身的易损件;
2. 了解车用燃料的种类与质量要求;
3. 了解车用汽油、发动机润滑油的作用与质量要求;
4. 了解车辆齿轮油和润滑脂的作用与质量要求;
5. 了解汽车制动液的作用与质量要求;
6. 了解发动机冷却液的作用与质量要求。

建议学时:6 学时

一、汽车常见易损件

1. 发动机易损件

1) 汽缸体(图 2-1)

除汽缸在正常磨损时可进行镗磨加大尺寸予以修理外,汽缸体还会在冬季因缸体未放尽积水被冻裂、运行中因汽缸缺少冷却液导致过热膨胀漏水,以及在行车事故中被碰撞损坏和孔径被数次镗削而扩大至极限。在使用中,汽缸体有一定的消耗量,属于正常应备品种,数量应视地区销售情况而定。

2) 汽缸套

汽缸套常见故障有缸孔自然磨损、外径压配不当漏水(湿式缸套)、缸壁因敲缸损伤或在突发情况下(如连杆螺栓松脱被连杆击穿)的损伤等。汽缸套属必备品,耗量较大,应有一定的备量。

3) 汽缸盖(图 2-2)

除未发现的制造缺陷,如隐藏裂纹、排气门座压配松弛等引起的漏水现象外,其损伤形式主要是使用不当和自然疲劳损坏。汽缸盖属常备品,应有一定的备量。

图 2-1　汽缸体

单元二　汽车常见易损件和常用材料

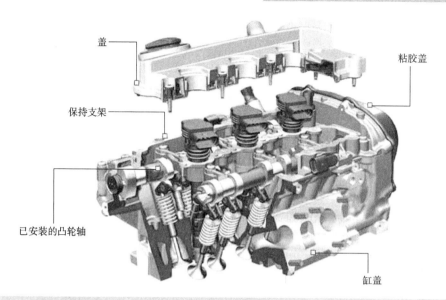

图 2-2　汽缸盖

4）汽缸盖衬垫（图 2-3）

汽缸盖衬垫常见故障有缸盖紧固螺栓松弛或螺栓拧紧力失准、制造上的缺陷、漏水造成的热化学腐蚀等，造成封闭汽缸孔边缘部位烧蚀泄漏、水孔边缘部分热腐蚀缺损使封闭失效。汽缸盖衬垫属一次性使用配件，消耗量很大，通常作为随车主要维修备用品，应有较多库存备量。

图 2-3　汽缸盖衬垫

5）活塞

活塞的常见故障有自然磨损，发动机过热时造成的部分铝合金属熔蚀发生拉缸或咬死，磨损后配合间隙过大，积炭早燃时造成的击伤、裂缝等。活塞属主要易损件，消耗量大、规格多，是营销必备品种。

6）活塞环（图 2-4）

活塞环常见故障有因活塞拉缸被折断、自然磨损、弹性衰减等。活塞环属主要易损件，消耗量大、规格多，是营销必备品种。

7）活塞销

活塞销常见故障有外径自然磨损、特殊工况下或制造上未检出的隐藏裂缝造成的折断。活塞销属主要易损件，消耗量大、规格多，是营

图 2-4　活塞环

21

销必备品种。

8) 活塞销衬套

活塞销衬套常见故障有自然磨损、因缺油高热烧损及压配合间隙过大引起的衬套走外圆等。活塞销衬套属主要易损件,消耗量大、规格多,是营销必备品种。

9) 连杆(图2-5)

连杆常见故障有受力矩作用使杆体扭曲、因轴孔磨损或断油造成的大头小头孔座过度磨损松旷、螺栓孔螺纹损坏等。连杆虽属易耗件,但相对销量较少,应有一定备品以应需要。

10) 曲轴(图2-6)

曲轴常见故障有主轴颈和连杆轴颈磨损、因受力扭曲变形导致的曲轴同轴度失准,以及在突发工况下或材质缺陷、隐藏裂纹等造成折断等个别现象。曲轴属主要非易耗件,但仍有一定的销量,为常备供应配件之一。

图2-5 连杆　　　　图2-6 曲轴

11) 连杆、曲轴轴承

连杆、曲轴轴承常见故障有因断油产生的合金层合金烧熔咬轴、因冲击负荷所致合金层部分合金疲劳剥落、因配合间隙过大造成轴承钢衬外圆及定位唇口变形移位等。连杆、曲轴轴承属易耗件,需成组更新,应有足够数量的品种。

12) 飞轮(图2-7)

飞轮常见故障有大端工作平面因离合器钢片损坏或磨损后被铆钉突出磨损形成的沟槽、飞轮齿圈端因起动机驱动齿轮的撞击崩块或齿面磨损过大、齿圈与飞轮外圆配合松弛等。飞轮应有一定的备品。

13) 气门

气门常见故障有自然磨损和胶粘咬死、断裂、腐蚀等。气门属易耗件,应有较多的备品。

14) 气门导管

气门导管常见故障有自然磨损致配合间隙过大;燃烧废气或润滑油杂质等侵入形成磨料,使气门杆咬死或内孔拉伤。气门导管属易耗件,在发动机大修中,常需换用新品,应有一定的备量。

15) 气门弹簧(图2-8)

气门弹簧常见故障有变形、折断、弹性衰减等。气门弹簧属易耗件、常供品,应有一定的备量。

图2-7 飞轮

图2-8 气门弹簧

16)气门座圈

气门座圈常见故障有因机械磨损和热腐蚀造成的气门或座圈的密封面破坏。应有一定备量。

17)凸轮轴(图2-9)

凸轮轴常见故障有主轴颈磨损、凸轮磨损,凸轮轴弯曲变形,同轴度变坏和机油泵驱动齿轮损坏也属常见。根据地区供需情况,应有一定备量。

18)气门挺杆

气门挺杆常见故障有杆部自然磨损、调节气门间隙螺钉螺纹损伤、与凸轮轴凸轮接触的球形工作面磨损等。气门挺杆属易耗件,但与其他品种相比消耗量较少,应有一定备量。

19)气门摇臂

气门摇臂常见故障有轴承孔磨损、圆弧工作面磨损、气门间隙调节螺栓与螺母或螺钉与螺母以及螺孔螺纹的松旷和损坏。气门摇臂耗量较大,应有较大的备量。

20)凸轮轴正时齿轮(图2-10)

凸轮轴正时齿轮常见故障有齿部因受冲击力矩被崩裂、断齿,铁芯与胶木或尼龙的压配松动及齿面磨损超过允许值等。凸轮轴正时齿轮属易耗件,在维修作业中常被更换,应有较多的备品。

图2-9 凸轮轴

图2-10 凸轮轴正时齿轮

21）正时链条（图 2-11）

正时链条常见故障有链板疲劳，轴销、滚子磨损后伸长。工程塑料制齿带的损坏现象为出现疲劳伸长、齿面磨损等。正时链条属易损件，应有一定备量。

22）进、排气歧管总成

进、排气歧管总成常见故障有热疲劳裂纹、安装凸缘边缘因螺栓拧紧顺序及力矩不当造成的断裂，或因受热疲劳引起的安装平面翘曲变形、破坏而导致的漏气等。进、排气歧管总成属易耗件，接口垫消耗量较大，应有较多备品。进气歧管如图 2-12 所示。

图 2-11　正时链条　　　　图 2-12　进气歧管

23）机油泵（图 2-13）

机油泵常见故障除制造质量外，还有因运动件自然磨损、限压阀弹簧弹力疲劳衰减、密封衬垫损坏等造成的供油压力不足甚至失效。机油泵为维修易损件，属常供备品。

24）机油集滤器

机油集滤器常见故障有滤网经多次阻塞清洁后变形或损坏、浮子泄漏及油管油垢阻塞、清除中变形等。机油集滤器为维修易损件，属常供常备品，应有较多的备品。

25）机油滤清器（图 2-14）

机油滤清器常见故障有滤芯被机油杂质污染阻塞、密封衬垫变形损坏、限压阀因弹簧压力衰减造成的开启压力失准。机油滤清器为易损件，需要量较多，应有较多备量。

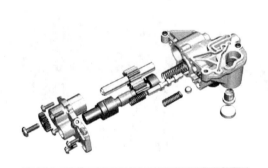

图 2-13　机油泵　　　　图 2-14　机油滤清器

想一想

机油滤清器为什么是易损件?

26)油底壳

油底壳是易损件,应有一定备品。

27)汽油泵

汽油泵常见故障有膜片疲劳损伤裂缝,进、出油止回阀工作面磨损致其密封性破坏,摇臂工作面磨损量过大,膜片行程减小等。汽油泵应有较多的备量。

28)汽油滤清器

汽油滤清器常见故障有漏气(不密封)或滤芯未及时维护而形成阻塞。汽油滤清器属消耗件,应多备。

29)空气滤清器(图2-15)

空气滤清器常见故障有滤芯被尘土阻塞。其属消耗件,应多备。

30)散热器

散热器常见故障除磕碰损伤外,还有因机械损伤而导致的漏水、水垢阻塞、温度过高使水汽膨胀压力增大而导致的水管裂纹漏水、冬季未放尽冷却液而被冻裂等。散热器属消耗件,消耗量较大,应有足量的备品。

31)节温器(图2-16)

节温器常见故障有蜡式感温体热疲劳感温性能变坏、机械损伤等。节温器属常备易耗件,应有足量备品。

图2-15 空气滤清器

图2-16 节温器

32)冷却液泵

冷却液泵常见故障有壳体裂纹、轴承损坏、水封及木垫片失效、壳体安装螺栓孔损裂等造成冷却液泄漏。维修时,用户大多更换总成,故冷却液泵总成应有较多备量。

33)风扇传动带

风扇传动带常见故障有疲劳伸长后传动失效,或因包布脱层而导致的破损和断裂。风扇传动带属易损件,需求量较大,并为行车备件之一。

2. 底盘易损件

1) 离合器总成

离合器总成常见故障有从动盘摩擦面片磨损、钢片裂纹、面片铆钉突出或面片被油脂污染,分离轴承套筒、分离叉、分离杠杆等零件摩擦工作面的磨损等。摩擦片烧蚀、松脱如图 2-17 所示。

2) 离合器从动盘总成(图 2-18)

离合器从动盘总成常见故障有波形弹簧钢片损裂、减振弹簧折断或弹性衰减、从动盘毂裂纹。其中,摩擦片磨损减薄破裂和烧损更为多见。

图 2-17 摩擦片烧蚀、松脱

图 2-18 离合器从动盘总成

3) 离合器机械式操纵机构

离合器机械式操纵机构常见故障是自然磨损,分离轴承的球头螺钉磨损如图 2-19 所示。

4) 离合器液压式传动机构

离合器液压式传动机构常见故障有活塞的皮碗、皮圈磨损及橡胶老化,双向阀损坏,缸筒磨损等。

5) 变速器(图 2-20)

变速器常见故障有齿顶撞击打毛、齿部崩裂、疲劳点蚀、齿厚磨损减薄、齿轮内磨损、间隙增大等。

图 2-19 分离轴承的球头螺钉磨损

图 2-20 变速器

6）传动轴（图2-21）

传动轴常见故障有万向节叉十字轴座孔磨损扩大及配合松动、滑动叉及花键轴的键槽或键齿磨损松动、轴管变形弯曲、凸缘叉裂缝等。

7）万向节

万向节常见故障有十字轴轴径磨损形成滚针沟槽、轴承钢碗磨损使配合间隙超过规定值。

8）半轴

半轴常见故障有因过载或受冲击导致杆部断裂、扭曲，花键磨损，安装螺栓孔因螺栓松旷造成的磨损扩大或裂纹等。

9）前轴

前轴常见故障有受冲击负荷发生弯曲变形、主销承孔因磨损扩大。

10）转向节

转向节常见故障有主销孔、指轴及轴承径磨损，紧固螺纹损坏，指轴受冲击负荷弯曲变形、产生疲劳裂纹等。

11）轮毂

轮毂常见故障有因未及时维护、锁紧螺母松动或缺少润滑脂，使轴承早期损坏；车轮晃动导致轴承孔座损伤松旷。

12）轮毂螺栓螺母

轮毂螺栓螺母常见故障有螺纹破坏缺损，甚至受冲击负荷而折断。

13）钢板弹簧

钢板弹簧常见故障有弹性衰减（硬度过高或隐藏裂缝）或折断。

14）螺旋弹簧

螺旋弹簧常见故障有断裂、弹性衰减和变形。

15）钢板弹簧衬套

钢板弹簧衬套常见故障有自然磨损、破裂、压溃。

16）减振器和减振器胶套、缓冲胶

其常见故障有阻尼减振性能衰减、变坏或失效，如图2-22所示。

图2-21 传动轴和万向节

图2-22 损坏的减振器

17）转向盘

转向盘常见故障有外包塑料老化产生裂缝、转向盘变形、中央轮毂内孔键槽或花键因工作疲劳或维修拆装损伤、喇叭安装结构的损伤等。

18）转向器

转向器常见故障有转向柱管变形偏离中心、齿轮调整失准或磨损、支撑轴承损坏、齿轮磨损、间隙增大等。转向器受外力冲击装夹脚断裂，如图2-23所示。

19）动力转向装置

动力转向装置常见故障有动力泵油压不足、转向轴弯曲变形、转向器调整失准、控制阀卡住或失灵、液压系统泄漏或进入空气、动力泵零件磨损等。

20）纵拉杆与横拉杆

纵拉杆与横拉杆中的易损件为球销、球销碗、弹簧座、弹簧、防尘罩等。

21）空气压缩机

空气压缩机常见故障有活塞组零件磨损、排气阀阀片磨损、连杆轴承磨损等。

22）液压制动主缸和轮缸（图2-24）

除正常使用磨损、渗漏油液之外，液压制动主缸和轮缸常见故障往往是因皮碗质量不好或配合尺寸选用不当，以及活塞与缸孔磨损后间隙过大，以致皮碗刃口反向等造成的制动失效。

图2-23 转向器受外力冲击装夹脚断裂

图2-24 制动轮缸

23）液压制动软管

液压制动软管常见故障有接头疲劳脱落、损伤、橡胶老化，内孔孔径膨胀缩小或阻塞。它属于易耗品。

24）气压制动软管

气压制动软管常见故障有偶然发生脱头及起鼓分层、内径阻塞、油污阻塞等，与轮胎胎面摩擦而磨损（前轮）及橡胶老化膨胀等。

25）前、后制动片

前、后制动片常见故障有磨损、烧蚀、破裂等。其属使用频繁、工作条件恶劣的易损件，消耗量很大。

26）盘式制动器（图2-25）

盘式制动器常见故障有受粉尘侵袭，磨损较大。

27）油封

油封是易损件，而且消耗量很大。

28）滚动轴承

滚动轴承是受力很大的滚动摩擦零件。它属于易损件且通用性很广。

29）汽车轮胎

汽车轮胎与地面滚动摩擦产生高热，其胎面磨耗快，也易被外物割伤或扎伤，使用不当则会爆胎。它是消耗量大的易损件，应多备。内胎的损耗量也较大，也应有足够的备品；衬带的消耗量较少，可少备。

3. 电气设备易损件

1）发电机（图2-26）

发电机常见故障有绕组断路、短路，电枢轴承磨损，机壳及盖损伤等。硅整流发电机的硅管受高峰电压的冲击而击穿的损坏也属多见。

图2-25 盘式制动器

图2-26 发电机

2）起动机

起动机常见故障有起动开关触电烧蚀，电磁开关绕组及电枢、磁极励磁绕组的断路、短路，整流子磨损，轴承损坏，移动叉行动调节距离失准，驱动齿轮损伤（图2-27）等。

3）蓄电池

蓄电池常见故障有壳体碰击裂纹、漏液、极板活性物质脱落沉淀于壳底、隔板微孔为活性物质阻塞使内阻增加、单电池连接铅条脱焊松动、电池室因电液不足使极板硫酸铅化等。蓄电池属易损件，冬季旺销，应有较多备量，极桩断裂如图2-28所示。

4）点火线圈

点火线圈常见故障有绝缘胶木上盖磕碰破损、高压电流击穿、绝缘破坏、绕组断路或过热烧坏、接线柱接线脱焊、潮气侵入罐内等所致的变压功能失效。

5）有触点分电器

有触点分电器常见故障有传动轴磨损、配合间隙增大、传动轴旋转晃动、分电胶木盖或分火头绝缘破坏击穿、高压电串接、断电器触电烧蚀、电阻增大、凸轮角磨损、离心块弹簧失效、电容器击穿漏电等。

图 2-27 驱动齿轮损伤

图 2-28 极桩断裂

6）火花塞

火花塞为消耗量很大的易损零件，因电极在燃烧的混合气中长期工作，所以易受高温及化学腐蚀，容易被燃烧废气污染，使点火间隙增大或绝缘体裙部损伤，造成短路等而失效。

7）电热塞

电热塞为柴油发动机易损件。在柴油汽车较多的地区应多置备品。

8）低、高压线

低、高压线均为易损件，故障与损坏现象为绝缘层老化破裂，或受硬物划伤漏电、短路。

9）汽车灯具

前照灯、制动灯（图 2-29）、转向灯、尾灯等的灯泡都是易损件，有一定的使用寿命，还常由于受行车振动或受到高峰电压冲击产生灯丝断路、烧毁等而使照明失效；而灯具则因外露而受到泥水浸渍、锈蚀，使外观和照度变坏，必须及时更换。

图 2-29 制动灯

10）继电器

灯光继电器、喇叭继电器、电动机继电器、空调继电器、组合继电器等都是易损件。

11）开关

温度开关、倒车灯开关、转向组合开关等因使用频繁，属易耗配件。

12）刮水器

刮水器是易耗件，特别是刮水臂及刮片的损耗量更大。

13）喇叭

喇叭常见故障有喇叭不响，多是触点烧结，不能分开所致；喇叭长鸣，常由于按钮卡死、继电器触点烧结、喇叭至继电器按钮之间绝缘层破损和搭铁故障等引起；喇叭变声，由于膜片破裂、膜片锁紧螺母松动、铁芯间隙失调、触点烧蚀和各紧固螺钉松动等引起。出现上述故障应修复,修复不了的应更换。

14)仪表及传感器

电流表、温度表、机油压力表(图2-30)、燃油表及其传感器。其消耗量较大,都是常见的易损件。

4. 车身易损件

(1)纵梁:弯曲变形和裂缝。

(2)蒸发器及壳体:发生碰撞严重弯曲或破裂。

(3)驾驶室:钣金蒙皮锈蚀或碰撞变形、车门(图2-31)碰撞变形、玻璃破碎、玻璃升降器损坏、门锁损坏等。

图2-30 机油压力表　　　　　图2-31 车门

(4)翼子板、托架、前后轮挡泥板:碰撞损坏、振动裂缝、泥水锈蚀。

(5)保险杠、牌照板、车外后视镜:常因碰撞而损坏。

(6)装饰条、车门槛嵌条、立柱饰板:均属易损件。

想一想

车身在什么情况下容易损坏。

二、汽 车 燃 油

目前,市场上汽油有89、92、95等标号,这些数字代表汽油的辛烷值,也就是代表汽油的抗爆性,与汽油的清洁无关。所谓"高标号汽油更清洁"的说法纯属误导。按照发动机的压缩比或汽车使用说明书的要求加油,更科学、更经济,并能充分发挥发动机的效率。

汽车发动机在设计阶段,设计者会根据压缩比设定所用燃油的标号。压缩比是发动机的一个非常重要的结构参数,它表示活塞在下止点压缩开始时的气体体积与活塞在上止点压缩终了时的气体体积之比。从动力性和经济性方面来说,压缩比应该越大越好。压缩比高,动力性好、热效率高,车辆加速性、最高车速等会相应提高。但是受汽缸材料性能以及汽油燃烧爆震的制约,汽油机的压缩比又不能太大。简单地说,高压缩比车应使用高标号的燃油。燃油标号越高,油的燃烧速度就越慢,越不易产生爆震,发动机需要较高的压缩比;反之,低标号燃油的燃烧速度较快,越容易产生爆震,发动机压缩比较低。

燃油的标号还涉及发动机点火正时的问题。低标号汽油燃烧速度快,点火角度要滞后;高标号燃油燃烧速度慢,点火角度要提前。例如,一台发动机按照说明书要求应加95号汽油,现在加了92号汽油,可能会造成发动机起动困难;加速时,发动机内有清脆的金属碰撞声音;长途行车后,关闭点火开关时发动机抖动。

选择汽油标号的主要依据是发动机的压缩比。盲目使用高标号汽油,不仅会在行驶中产生加速无力的现象,而且其高抗爆性的优势无法发挥出来,还会造成金钱的浪费。

1. 油号的基本概念

1) 压缩比

选择汽油标号的首要标准就是发动机的压缩比,这也是当代汽车的核心节能指标。发动机的运行由汽缸的"吸气—压缩—燃烧—排气—吸气"这样周而复始的运动所组成,活塞在行程的最远点和最近点时的汽缸体积之比就是压缩比。使油耗成本最低、效果最好的方法就是提高发动机的压缩比。提高压缩比只是改变活塞行程,混合油气压缩得越厉害,它燃烧的反作用也越大,燃烧越充分。但压缩比不是轻易能变的,因为得有另一个指标配合,即汽油的抗爆性指标,亦称辛烷值,即汽油标号。

2) 爆震与抗爆震性

一般认为,活塞在行程的上止点后10°左右,燃烧产生最大压力时,推动活塞的力度最大(就像是荡秋千,在到达最高点后使一点儿劲秋千下落最快)。例如,发动机转速为1000r/min的时候,燃烧过程相当于曲轴转角的20°,就是说提前10°点火,发动机最有力。而到了4000r/min,活塞运动得快了,燃烧过程相当于曲轴转角的60°,就需要提前50°点火。这样,随着转速的提高,点火越来越提前,最终会达到一个转速,还没点火,油气就烧起来了,这就是爆震。汽油的标号决定了爆震点的早晚,其实也就是决定了发动机的功率大小。燃油的抗爆震性能随它的组成而异。燃油的抗爆震性越高,发动机的压缩比也可能高些,发动机的经济性和动力性都会得到提高。

确定燃油的抗爆震性是很困难的,因为燃油的抗爆震性不仅取决于燃油的性质,还随发动机的形式、空燃比、冷却液温度、进气温度、点火提前角、气门定时等而变化。

3) 辛烷值——标号

为评定燃油的抗爆震性能,一般采用两种方法:马达法和研究法。评定工作一般在一台专门设计的可变压缩比的单缸发动机上进行。

马达法规定试验工况为:进气温度149℃,冷却液温度100℃,发动机转速900r/min,点火提前角为上止点前14°~26°。试验时,先用被测定燃油工作,逐渐改变压缩比,直到爆震仪上指出标准爆震强度为止。然后,保持压缩比等条件不变,换用标准燃油工作。标准燃油是抗爆震性很高的异辛烷C_8H_{18}(定其辛烷值为100)和易爆燃的正庚烷(定其辛烷值为0)的混合液。逐渐改变异辛烷和正庚烷的比例,直到标准燃油所产生的爆燃强度与上述被测燃油相同时为止。这时,标准燃油中所含异辛烷的体积百分数就是被测燃油的辛烷值。辛烷值高,燃油的抗爆震性就好,反之抗爆震性就差。例如,某燃油辛烷值为80,这就是说该燃油与含异辛烷80%和正庚烷20%的混合液的抗爆震性相同。这就是对燃油抗爆震性的评价标准。

研究法与马达法的试验方法相同,只是规定的试验条件不同而已。

研究法规定的工况为:进气温度为51.7℃,冷却液温度为100℃,发动机转速600r/min,点火提前角为13°。

由于马达法规定的条件比研究法苛刻,因此所测出的辛烷值比较低。同一种燃油,用马达法测出的辛烷值为85时,相当于研究法辛烷值为92;马达法为90时,研究法为97。现在加油站所使用的燃油标号是研究法测得的辛烷值。

一般来说,工厂提高汽油辛烷值的途径有三个:一是选择良好的原料和改进加工工艺,例如采用催化裂化、重整等二次加工工艺;二是向产品中调入抗爆震性优良的高辛烷值成分,例如异辛烷、异丙苯、烷基苯等;三是加入抗爆剂。

2. 降标用油与超标用油

95号油比92号油贵8%,能耗小5%左右,考虑到95号油匹配的高压缩比发动机用92号油时会发生二次燃烧和不完全燃烧现象,将额外损失5%～8%的功率,再考虑对车辆造成的维护费增加、车况下降、寿命减少等一系列后果,降标用油的费用就抵消了。燃油的选择如图2-32所示。

图2-32 燃油的选择

汽油是极易挥发的液体,-30℃时仍有可燃成分挥发出来,当汽油标号过低时,压缩的混合油气将在点火前自燃,点火时,已开始自燃的油气又将产生强烈爆炸,使原先精确设计的燃烧程序失控,一部分汽油做负功,一部分因为燃烧过程与活塞行程不同步而不能完全燃烧,造成进气阀和缸内严重积炭、油耗增加、废气排放恶劣。当汽车高速行驶时,混乱的燃烧过程将产生连续爆震,它会严重损伤发动机,造成火花塞绝缘破裂、电极过度燃烧、活塞敲缸、活塞环卡死、气门烧蚀等后果。

三、发动机机油

机油,即发动机润滑油,如图2-33所示,被誉为汽车的"血液",能对发动机起到润滑、清洁、冷却、密封、减摩等作用。

1. 机油的分类及特征

图2-33 发动机机油

目前,机油分类体系以美国石油协会(APT)的品质分类系统使用最为广泛,它是根据机油的工作能力,采用简单的代码来描述发动机机油的。其中,"S"类用于汽油发动机,从"SA"一直到"SH",每递增一个字母,机油的性能就会较多地好过前一种,机油中就会有更多用来保护发动机的添加剂。

在机油的特性中,最重要的一点是它的黏度。对于那些低温时黏度小,高温时黏度大,能保证发动机在任何温度下都能正常润滑的机油,我们定义为多级机油。目前,市场上的机油分为矿物油和合成油,最高档的油属合成油。

一般高档车都选择合成油。合成油比一般的矿物油具有更高的黏度指数,随温度转变而产生的黏度变化很少,因此在高温及严寒情况下,仍能维持适当的黏度,而提供合适的保护。另外,合成油因氧化而产生酸质、油泥的趋势小,在各种恶劣操作条件下,对发动机都能提供适当的润滑和有效的保护,因而具有更长的使用寿命。

2. 机油的选择和使用

1)依品质来区别

机油因其基础油不同可简分为矿物油及合成油两种(植物油因产量稀少故不计)。二者最大差别在于:合成油使用的温度更广,使用期限更长,以及成本更高;同样的油膜要求,合成油用较低的黏度就可达到,而矿物油就需用相对于合成油较浓的黏度才可达到如此要求。在相同的工作环境里,合成油因为使用期限比矿物油长很多,因此成本较高,但是考虑到换油次数,成本并不比矿物油高多少。

2)依黏度来区分

黏度是指流体(含气体及液体)在流动时的内部摩擦力,即流滞阻力。一般润滑油都会提供在4℃(40℉)及38℃(100℉)时的黏度,4℃(40℉)是相对于冷车时的状况,而38℃(100℉)是高速运转或堵车时的情况。如果黏度太浓,所产生的阻力也相对增大,因此会产生如下不利因素:

(1)影响冷车时发动机的起动。在低温时会更明显,例如,在冬季时,加20W/50机油的汽车就不如加5W/40机油的汽车易起动。

(2)增加耗油量。黏度高的机油阻力也高,会使发动机内部机件的运转产生更高的摩擦阻力,因而增加耗油量。

(3)增加起动时发动机的磨损。发动机停止运转一段时间后,原本附着在上部的机油会流回油底壳,上部缺乏足够的机油来保护在起动状况下的发动机,如果机油黏度大,流动就慢,因此磨损的概率就会增加。

(4)如果机油黏度太大,则内部阻力较大,阻力会转换成热能,使机件操作时温度升高。

3. 机油质量的鉴别

1)新机油质量的鉴别与选用

目前,市场出售的机油以次充好、以劣充优的现象普遍存在。当需要购买机油时,如果不具备质量鉴别和牌号识别能力,应请专门的技术员或经验丰富的技工帮助选择。

(1)观察机油颜色。国产正牌散装机油多为浅蓝色,具有明亮的光泽,流动均匀。凡是颜色不均、流动时带有异色线条的均为劣质或变质机油,若使用此类机油,将严重损害发动机。进口机油的颜色为金黄略带蓝色,晶莹透明,油桶制造精致,图案字码的边缘清晰、整齐,无漏色和重叠现象,否则为假货。

(2)识别机油牌号和试验黏度。国产桶装机油分汽油机油和柴油机油两种。汽油机油按黏度分为 HQ-6、HQ-6D、HQ-10 和 HQ-15 四种牌号,气温低应选用牌号数字小的或带"D"字的机油,气温高应选用牌号数字大的机油。柴油机油按黏度分为 HC-8、HC-11 和 HC-14 号三种牌号,选用原则与汽油机相同。随着我国机械行业标准与国际标准逐步接轨,机油的牌号也逐渐与国际标准相适应,目前有些国产机油的牌号已使用进口机油标准牌号,具体选用方法与下述相同。

进口机油以丰田纯牌机油为例:高级轿车应使用 5W-40 全天候机油,虽然价格较高,但它能确保高级轿车的润滑效果;增压柴油机应使用 CD-30 机油;一般车辆冬季使用 SG10W-30 机油,夏季使用 SG-30 机油。

(3)闻气味。合格的机油应无特别的气味,只略带芳香。凡是对嗅觉刺激大且有异味的机油均为变质或劣质机油,绝对不可使用。

2)使用中机油的鉴别

鉴别使用中机油的质量,是确定是否需要更换机油的依据。

(1)搓捻鉴别。取出油底壳中的少许机油,放在手指上搓捻。搓捻时,如有黏稠感觉,并有拉丝现象,说明机油未变质,仍可继续使用,否则应更换。

(2)油尺鉴别。抽出机油标尺对着光亮处观察刻度线是否清晰,当透过油尺上的机油看不清刻线时,说明机油过脏,需立即更换。

(3)倾倒鉴别。取油底壳中的少量机油注入一容器内,然后从容器中慢慢倒出,观察油流的光泽和黏度。若油流能保持细长且均匀,说明机油内没有胶质及杂质,还可使用一段时间,否则应更换。

(4)油滴检查。在白纸上滴一滴油底壳中的机油,若油滴中心黑点很大,呈黑褐色且均匀无颗粒,周围黄色浸润很小,说明机油变质,应更换。若油滴中心黑点小而且颜色较浅,周围的黄色浸润痕迹较大,表明机油还可以使用。

以上检查均应在发动机停机后机油还未沉淀时进行,否则有可能得不到正确结论。因为机油沉淀后,浮在上面的往往是好的机油,而在此时检查,变质机油或杂质仍存留在油底壳的底部,从而可能造成误检。

四、齿轮油与润滑脂

图 2-34 润滑脂

齿轮油又名传动润滑油,主要用于润滑汽车、拖拉机传动系统中的变速器、减速器和差速器的各种齿轮,齿轮油的黏度较润滑油大,略呈黑色,因此也称其为黑油。由于齿轮的齿形不同,对齿轮油的要求也不同,一般分为普通齿轮油和双曲线齿轮油。两者应按说明书要求的品种加注,不能混淆。

润滑脂含有稠化剂,其性质与润滑油不同,如图 2-34 所示。绝大多数润滑脂是半固体,在常温下能保持自己的形状,在垂直表面不流失。润滑脂一般呈黄色,所以俗称黄油。润滑脂广泛用于润滑汽车各部轴承、衬套和钢板弹簧等。

五、汽车工作液

1. 汽车制动液

1)汽车制动液性能要求

黏温性好,凝固点低,低温流动性好;沸点高,高温下不产生气阻;使用过程中,品质变化小,并且不引起金属件和橡胶件的腐蚀和变质。

2)汽车制动液类型

(1)蓖麻油—醇型:用精制蓖麻油和乙醇按 1∶1 配制而成。在寒冷地区,用蓖麻油 34%、丙三醇(甘油)13%、乙醇 53% 配制成的制动液,在 -35℃ 左右仍能保证正常制动,但沸点低,易产生气阻。

(2)合成型:用醚、醇、酯等掺入润滑、抗氧化、防锈、抗橡胶溶胀等添加剂制成,使用性能良好,工作温度可高达 150℃,但价格较高。

(3)矿油型:用精制的轻柴油馏分加入稠化剂和其他添加剂制成,工作温度范围为 -70℃ ~ 150℃。它的使用性能良好,但制动系统须配用耐矿油的橡胶件。我国的矿油型制动液分"7 号"和"9 号"两种,"7 号"用于严寒地区,"9 号"用于气温不低于 -25℃ 的地区。各种制动液不可混存和混用,否则会出现分层而失去作用。

3)汽车制动液的储存位置

轻型客车的制动液储存位置一般在转向盘左边。轿车的制动液储存位置一般位于真空助力器附近,也就是在正对制动踏板的地方,制动主缸上方。

制动液在使用一定的时间后,会出现沸点降低、污染及不同程度的氧化变质。所以应根据气候、环境条件、季节变化和工况及时检查其质量性能,及时更换。普通工况下,制动液在使用两年或 5 万 km 后就应更换。

2. 发动机冷却液

冷却液是汽车发动机不可缺少的一部分。它在发动机冷却系统中循环流动,将发动机工作中产生的多余热能带走,使发动机能以正常工作温度运转。当冷却液不足时,将会使发动机温度过高,而导致发动机机件的损坏。车主一旦发现冷却液不足,应该及时添加。但冷却液也不能随便添加,因为除了冷却作用外,冷却液还应具有以下功能。

1)冬季防冻

为了防止汽车在冬季停车后,冷却液结冰而造成冷却液箱、发动机缸体胀裂,要求冷却液的冰点应低于该地区最低温度10℃左右,以备天气突变。

2)防腐蚀

冷却液应该具有防止金属部件腐蚀、防止橡胶件老化的作用。

3)防水垢

冷却液在循环中应尽可能减少水垢的产生,以免堵塞循环管道,影响冷却系统的散热功能。

4)高沸点(防开锅)

符合国家标准的冷却液,沸点通常都超过105℃(比水的沸点高5℃),冷却液能耐受更高的温度而不沸腾(开锅),在一定程度上满足了高负荷发动机的散热冷却需要。

综上所述,在选用、添加冷却液时,应该慎重。首先,应该根据具体情况选择合适配比的冷却液。其次,将选择好配比的冷却液添加到冷却液箱中,使液面达到规定位置即可。

六、汽车轮胎

轮胎的作用如图2-35所示。

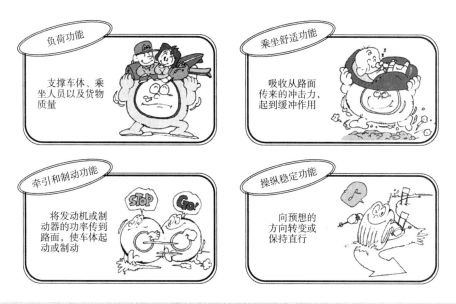

图2-35 轮胎的作用

轮胎按用途分类如表2-1所示。

轮胎按用途分类　　　　　　　　　　　　　表 2-1

轮胎用途	轿车轮胎	轻型载货汽车轮胎	载货汽车及大客车轮胎	农用车轮胎	工程车轮胎	工业用车轮胎	飞机轮胎	摩托车轮胎
代号	PC	LT	TB	AG	OTR	ID	AC	MC

轮胎按结构不同可分为斜交轮胎和子午线轮胎，如图 2-36 所示。

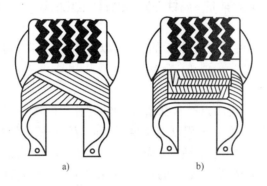

图 2-36　斜交轮胎和子午线轮胎
a) 斜交轮胎；b) 子午线轮胎

轮胎的标记直接标注在轮胎的侧壁上，如图 2-37 所示。

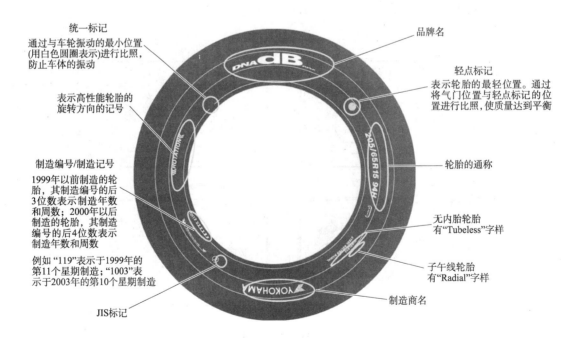

图 2-37　轮胎的标记

七、滚动轴承和油封

1. 滚动轴承

1）滚动轴承的结构和类型

滚动轴承由内圈、外圈、滚动体和保持架组成,如图 2-38 所示。

内圈装在轴颈上,外圈装在机座或零件的轴承孔内。内圈外圆上和外圈内孔内有滚道,当内外圈相对旋转时,滚动体将沿着滚道滚动。保持架用来把滚动体均匀地隔开。滚动轴承的内外圈和滚动体一般用含铬的合金制造,并经过热处理。保持架用低碳钢、有色金属或塑料制造。

滚动轴承按受载荷的方向可分为向心轴承、推力轴承两种;按滚动体的种类又可分为球轴承、滚子轴承两种;按滚动体的列数又可分为单列轴承、双列轴承和系列轴承。

图 2-38 滚动轴承

国家规定的滚动轴承的基本类型和特点的具体情况如下所示。

(1) 深沟球轴承,主要承受径向载荷,也承受一定的轴向载荷,适用于高转速、高精度的地方。

(2) 调心轴承,主要承受径向载荷,也能承受轴向载荷,可以自动定心。

(3) 圆柱滚子轴承,主要用于承受较大的、纯径向载荷的地方。

(4) 滚针轴承,只能承受纯径向载荷、承受能力较大,高速、低速都可使用,一般没有保持架,也可以不带内外圈,适用于径向尺寸受限制的地方。

(5) 向心螺旋滚子轴承,只用于承受径向载荷的地方。

(6) 向心推力轴承,用于承受径向载荷,或单向的轴向载荷,承载能力比向心轴承大,要求极限转速低,成对使用,反向安装。

(7) 圆锥滚子轴承,用于承受径向载荷,或单向的轴向载荷,承载能力比向心推力轴承大,要求极限转速低,成对使用,反向安装。

(8) 推力球轴承,用于承受单向轴向载荷,极限转速低。

(9) 推力调心滚子轴承,用于承受大的轴向载荷,并能承受一定径向载荷,能自动定心,允许转速较高。

2）滚动轴承代号

滚动轴承有各种不同的类型,各种类型又有不同的结构、尺寸、精度和技术要求,为了便于组织生产和选用,国家标准规定了滚动轴承的代号。滚动轴承的代号由七位基本代号和两位前置代号组成。

(1) 基本代号。基本代号表示轴承的型号,用七位数字表示,各位数字的意义如下所示。

①内径代号。右起第一、二两位数字,表示轴承的内径,其中除 00 表示内径为 10mm、01 为 12mm、02 为 15mm、03 为 17mm 以外,从 04 起其内径尺寸为该号数乘以 5,如 08×5 = 40mm,即 08 号其内径为 40mm。

②直径系列代号。右起第三位数字,表示轴承的系列,这是为使相同内径的轴承有不同的外径宽度。这种数字编号称为直径系列。

③类型代号。右起第四位数字表示轴承的类型。各类轴承的代号如下所示。

0——深沟球轴承;1——调心球轴承;2——圆柱滚子轴承;3——调心滚子轴承;4——滚针轴承;5——螺旋滚子轴承;6——角接触球轴承;7——圆锥滚子轴承;8——推力球轴承;9——推力调心滚子轴承。

④结构特点代号。右起第五、六位数字,表示轴承的结构特点。若为正常结构时,代号可不写出。

⑤宽度系列代号。右起第七位数字,表示轴承的宽度系列。对内径尺寸相同的轴承配以不同的宽度,在宽度为正常系列时,代号可不写出。

由于通常所采用的轴承多为正常结构,且宽度无特殊要求,故代号右起第五、六、七位数字均可省略,因此常见的轴承代号多为四位数字。

(2)前置代号。基本代号的前面有两位前置代号,右起第一位表示轴承的精度等级,用字母表示。国家标准中规定:C 为超精级、D 为精密级、E 为高级、F 为较高级、G 为普通级,其中 G 级精度最低,其精度代号可不写出。右起第二位表示游隙系列,用数字表示。

例如,轴承代号 C203 的意义是:C 表示 C 级精度,2 表示轻系列,03 表示轴承内径为 17mm。又如,轴承代号 6312 表示的意义是:6 为单列向心推力球轴承,3 为中系列,12 为轴承内径 60mm。

2. 油封

油封俗称护油圈,是汽车中保持部件转动不可少的非金属配件。常用的骨架式油封一般由金属骨架环、钢丝弹簧圈及橡胶密封层部分组成。其作用是,一方面防止泥沙、灰尘、水汽等侵入轴承中;另一方面限制轴承中的润滑油漏出。

对油封的要求是:尺寸(内径、外径和厚度)应符合规定;要求有适当的弹性,能将轴适当地卡住,起到密封作用;要耐热、耐磨、强度好、耐介质(油或水等);使用寿命长。

单元小结

(1)汽车发动机、底盘、电气设备和车身的易损件。

(2)按照发动机的压缩比或汽车使用说明书的要求加油,更科学、更经济,并能充分发挥发动机的效率。

(3)机油,即发动机润滑油,被誉为汽车的"血液",能对发动机起到润滑、清洁、冷却、密封、减摩等作用。

(4)新机油质量的鉴别:观察机油颜色、识别机油牌号和试验黏度、闻气味。

(5)使用中机油的鉴别:搓捻鉴别、油尺鉴别、倾倒鉴别、油滴检查。

(6)由于齿轮的齿形不同,对齿轮油的要求也不同,一般分为普通齿轮油和双曲线齿轮油。两者应按说明书要求的品种加注,不能混淆。

思考与练习

一、填空题

1. 汽缸套的常见故障有_____、_____、缸壁因敲缸损伤,或在突发情况下,如连杆螺栓松脱被连杆击穿等。汽缸套属必备品,耗量较大,应有一定的备量。

2. 油底壳是_____,应有一定备品。

3. 目前,市场上汽油有89、92、95等标号,这些数字代表汽油的_____,也就是代表汽油的抗爆震性,与汽油的_____。所谓"高标号汽油更清洁"的说法纯属误导。

4. 常用的骨架式油封一般由_____、_____及橡胶密封层部分组成。

二、简答题

1. 发动机的易损件有哪些?
2. 底盘的易损件有哪些?
3. 汽车电气设备的易损件有哪些?
4. 汽车车身的易损件有哪些?
5. 怎样对机油进行鉴别?
6. 对汽车制动液有什么要求?
7. 汽车轮胎有什么作用?
8. 滚动轴承由哪几部分组成?

单元三　汽车配件订货管理

学习目标
完成本单元学习后,你应能:
1. 了解汽车配件订货管理基本知识;
2. 掌握汽车配件订货程序;
3. 掌握汽车配件进货的原则和方式;
4. 了解进货点的选择和进货量的控制;
5. 掌握汽车配件鉴别与验收的方法。
建议学时:6 学时

汽车配件销售企业处于"生产—流通—消费"这个社会再生产总过程中的中介位置,是一个流通企业。它和所有流通企业(如商业、外贸企业、物资供销企业等)一样,存在着企业内部的3大主要环节——进、销、存,即购进、销售、保管。

一、汽车配件订货管理基本知识

1. 汽车配件订货管理的意义

(1)只有质优价廉、适销对路的商品源源不断地进入经销企业,经销企业才有可能提高为用户服务的质量,满足消费者的需要。

(2)做好订货管理是做好销售的前提和保证,只有进得好,才能销得快,才有可能提高企业经济效益。

(3)只有把商品购进组织好,把适销商品购进到经营企业,才能促使生产企业发展生产。

由此可见,订货管理就是直接关系到生产企业能否得到发展,消费者需求能否得到满足,企业经营状况能否改善的关键环节。

2. 汽车配件订货管理的原则

1)采购管理原则

(1)勤进管理原则。勤进管理是加速资金周转,避免商品积压,提高经济效益的重要条件。勤进快销,就是采购次数要适当多一些,批量要少一些,采购间隔期要适当缩短。要在采购适销对路的前提下,选择能使采购费用、保管费用最省的采购批量和采购时间,以降低成本、降低商品价格,使顾客能买到价廉物美的商品。勤进快销还要求企业随时掌握市场行情,密切注意销售去向,勤进、少进、进全、进对,以勤进促快销,以快销促勤进,不断适应消费需要,调整更新商品结构,力求加速商品周转。在销售上,供应要及时,方式要多样,方法要灵活,服务要周到,坚持薄利多销。进货量大、库存量大的弊病如图3-1所示。

a)

b)
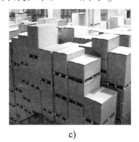
c)

图3-1　进货量大、库存量大的弊病
a)需要更多的设备;b)需要更多的人力;c)需要更多的仓储空间

(2)以销定进原则。以销定进的原则,是按照销售状况决定采购。

建议订货量 = 日平均销售×(距下次定货量天数 + 下次交货天数 + 厂商交货前置期 + 商品安全天数 + 内部交货天数) – 已订货未交量 – 库存量

最小安全库存量 = 陈列量 + 日平均销售量×商品运送天数

订货量是一个动态的数据,根据销售状态的变化(季节性变化、促销活动变化、供货厂商生产状况变化、客观环境变化),决定订货量的多少,才能使商品适销对路、供应及时、库存合理。

汽车配件的流动有明显的倾向性,下面以丰田汽车公司的零件订货及库存的动态分析为例来说明。丰田汽车的零件编号约有30万件,其中有库存的约有10万件,但每月的订货项目平均有60万~70万件,如图3-2所示。从图中可以清楚地发现,接到零件订货项目的90%集中在3万个零件号当中,这些零件我们通常称之为快流件。接到零件订货项目的7%集中在7万个零件号里,这些零件称之为中流件、慢流件。而剩下的3%订货项目是从20万个库存零件号中发出的。

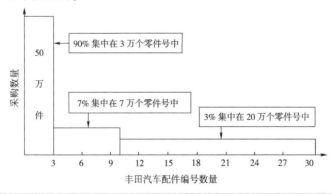

图3-2　丰田汽车公司汽车配件库存件及其销售分布

(3)以进促销原则。以进促销原则是与以销定进相联系的,单纯地讲以销定进,进总是处于被动局面。因此,扩大采购来源,积极组织适销商品,能主动地促进企业扩大销售,通过少量采购试销,以刺激消费、促进销售。

(4)保管保销原则。销售企业要保持一定的合理库存,以保证商品流通连续不断。汽车零件的流通等级是指汽车配件在流通过程中周转速度的快慢程度,根据汽车零件寿命周期长短可以把它们分为快流件、中流件、慢流件三大类,也有些公司分得更细一些,有五六类甚至达十类之多。根据汽车制造商、汽车零配件经销商的统计结果表明,占零件总数仅10%的快流件的销售收入占销售总额的70%,占零件总数20%的中流件的销售收入仅占销售总额的20%,而占零件总数70%的慢流件的销售收入只占总销售额的10%,零件流通等级与销售额之间的关系如图3-3所示。

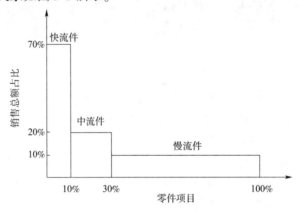

图3-3 零件流通等级与销售额之间的关系

2)商品购进原则

采购的原则除了要求购进的商品适销对路外,就是要保质、保量。生产企业实行质量三包——包修、包退、包换,经营企业要设专职检验部门或人员,负责购进商品的检验工作,把住质量关。除此之外,购进还应遵循以下原则。

(1)积极合理地组织货源,保证商品适合用户的需要,坚持数量、质量、规格、型号、价格全面考虑的购进原则。

(2)购进商品必须贯彻按质论价的政策,优质优价、不抬价、不压价,合理确定商品的采购价格;坚持按需采购、以销定进;坚持"钱出去、货进来、钱货两清"的原则。

(3)必须加强对购进商品质量的监督和检查,防止假冒伪劣商品进入企业,流入市场。在商品收购工作中,不能只重数量而忽视质量,只强调工厂"三包"而忽视产品质量的检查,对不符合质量标准的商品应拒绝收购。

3. 库存配件品种和最低安全库存量的确定

1)库存配件品种的确定

如果按平均需求量进货,则将会出现如图3-4所示的问题。

一般地,把易磨损和易失效的零件或材料作为快流件,如离合器片、制动器片、制动主缸/轮缸、橡胶密封件、三滤、机油、轴承、油封、大小轴瓦、大修包、消声器、排气管、高压泵、柱塞、出油阀、前风窗玻璃、密封条、前后灯具、冷却液箱、冷却散热网、万向节十字轴、刮水器片、火花塞、断电触点等。

有些零件经销商根据本公司配件销售量来区分快流件、中流件和慢流件,如把年销售量在25~50件的零件作为快流件,把年销售量在6~24件的零件作为中流件,而把年销售量在1~5件的零件作为慢流件。

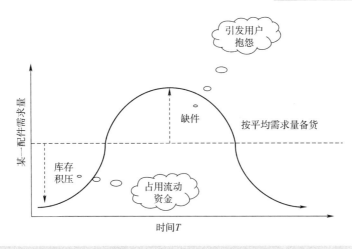

图 3-4　按平均需求量进货的缺点

也可根据汽车制造商推荐的零件流通级别来选择库存零件,表 3-1 所示为日本五十铃推荐的配件级别。

日本五十铃推荐的配件级别　　　　　表 3-1

推荐级别	零件使用和更换情况	
A	需要定期更换的零件(在一年内更换)如三滤	
B	需要定期更换的零件(在两年内更换)如制动蹄	
C	碰撞件是首当其冲的零件	在两年内更换的零件,如保险杠
D		各种灯具、反光镜等零件
E		其他零件
F	易磨损件、易耗件	油封、橡胶密封件
G		高速相对运动的零件
H		表面接触应力很高的运动零件
I	不易磨损件	在汽车生命周期内不用更换的零件

零件的流通级别不是一成不变的,快流件可能会变成中流件,甚至变成慢流件;而中流件和慢流件在一定时期内可能变成快流件。影响和决定零件流通级别的因素是多方面的。例如,车辆投放市场的使用周期,一般车辆使用寿命为 10 年,前 2～3 年零件更换少,中间 4～5 年是零件更换高峰期,最后 1～2 年零件更换又逐渐减少,变化过程如图 3-5 所示,相应的库存应对方案如图 3-6 所示。

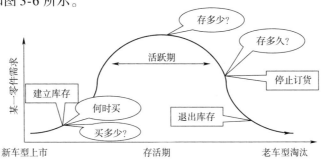

图 3-5　汽车配件需求变化过程(零件生命周期图)

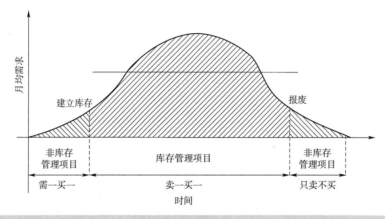

图 3-6　库存应对方案

 **小提示**

冬天到来之前,点火、起动系统配件要准备充足;夏天来临前,空调系统配件要多储备。

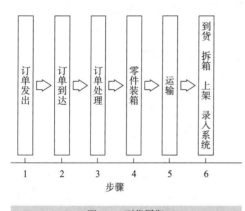

图 3-7　到货周期

2)最低安全库存量的确定

一个配件的最佳库存量是多少?库存量小了,不能保证及时供货,影响顾客的使用和企业的信誉;库存量大了,资金占有量增加,资金周转慢,影响企业的经济效益,到货周期如图 3-7 所示。因此,确定最低安全库存量很重要,而影响最低安全库存量的因素有以下几点。

(1)订货周期。国外订货周期一般为 2～3 个月(船运期货 3 个月,空运订货 15 天左右),但空运件的价格是船运的两倍;国内订货周期则因地而异。

(2)月平均销量。必须掌握某种配件近 6 个月的销量情况。

(3)配件流通级别。快流件的最低安全库存量为前 6 个月销量,中流件和慢流件的最低安全库存量为前 3 个月销量。

二、汽车配件订货程序

1. 订货渠道

汽车配件销售行业的采购除一些小公司外,大都从汽车配件生产厂家采购,在采购渠道的选择上,应立足于以优质名牌配件为主的采购渠道,但为适应不同消费者的需求,也可进一些非名牌厂家的产品,可按 A、B、C 顺序选择。

A 类厂是全国有名的主机配套厂,这些厂知名度高,产品质量优,多是名牌产品,这类厂应是采购的重点渠道。其合同签订形式,可采取先订全年需要量的意向协议,以便于厂家安排生产,具体按每季度、每月签订供需合同,双方严格执行。

B类厂虽生产规模知名度不如A类厂,但配件质量还是有保证的,配件价格也比较适中。订货方法与A类厂不同,可以只签订短期供需合同。

C类厂是一般生产厂,配件质量尚可,价格较前两类厂低。这类厂的配件可作为采购中的补缺。订货方式也与A、B类厂有别,可以电话、电报要货,如签订供需合同的话,合同期应短。

2. 汽车配件订货程序

1)汽车配件订货流程

汽车配件订货流程如图3-8所示。

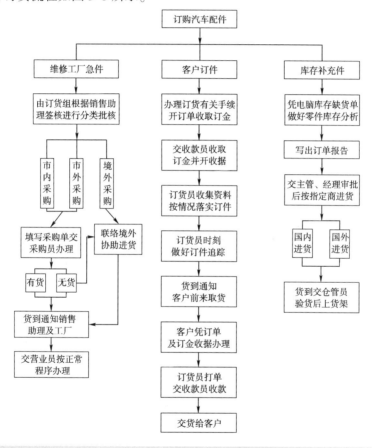

图3-8 汽车配件订货流程

2)库存补充件订货程序

(1)拟定订货合同初稿。每个月根据配件实际库存量、半年内销售量及安全库存量等信息,计算出配件订货数量,再根据实际情况进行适当调整,形成订货合同初稿明细表,如表3-2所示。订货的原则是:先市内后市外,先国内后国外。国内订货应向信誉好的大公司或向原汽车制造厂配套单位定购。

(2)向多家供货商发出询价单。根据订货合同初稿明细表,经订货部门主管审查并调整订货数量后,填写询价单,如表3-3所示。

订货合同初稿明细表　　　　　　　　　　表 3-2

配件编号	配件名称	车型/发动机型号	参考订量	安全量	单价(元)	现存量	平均月销量
22401-40V05	火花塞	Y31/VG30(S)	340	345	126.00	5	45
92130-G5701	雪种杯	C22/Z20(S)	1	2	5440.00	1	0.33
82342-G5103	窗扣	C22/Z20(S)	1	9	674.00	8	1.67

询　价　单　　　　　　　　　　表 3-3

公司名称：_____　　　　　　　编　　号：_____

　　　　　　　　　　　　　　　　　　　　　　日　　期：_____

联系电话：_____　　　　　　　总页数：_____

项　目	数　量	零件编号	零件名称	单　价	金　额

订货人：_____　　联系电话：_____　　传真：_____

(××××汽车服务有限公司)

(3) 确定最后正式订货单。根据各供货商反馈回来的报价单，调整订货数量后向其中一家发出正式订货单。综上所述，库存配件补充订货程序包括如下内容。

① 每月由电脑根据配件实际库存量、销量和安全库存量等信息，计算并输出一份"合同初稿明细表"，再根据销售经验和市场情况作适当调整。

② 向邻近地区供货商发出询价单，一般先国内后国外。

③ 根据各供货商反馈回来的报价单，再次调整订货数量，确认后发出正式订货单。

3) 即购即销(急需)配件订货程序

(1) 填写缺件报购通知单或配件请购单。对修理部门或客户所需配件，如果库存缺货，由营业部开出"缺件报购通知单"(表 3-4)或"配件请购单"(表 3-5)，交订货部门。

缺件报购通知单　　　　　　　　　　表 3-4

单位：×××××		工卡	46911
车牌号	×××××　车型 RZH114	发动机型号	1Y
报购单号：981200534			年　月　日
配件名称	规格	配件编号	数量	备注
链条	双排	92600-G5700	1	公务车
凸轮齿轮	$z=36$	11828-V6501	1	公务车
曲轴齿轮	$z=18$	99810-14C26	1	公务车

配 件 请 购 单　　　　　　　　　　　　　　　　表 3-5

款接员			订件人			日期：　年　月　日		
工作卡号	4F056		底盘号码			VQ20		
车牌号码	××××××		车身编号			JNICAUA32110064484		
序号	零件编号		名称	数量	报价	期限		订件
1	BO552-5F700		左前门锁电油机	1	750			√
	零部件签收			经办人				
备注				第一次到货签收		月　　日	时	分
				第二次到货签收		月　　日	时	分
				第三次到货签收		月　　日	时	分
				全部到货签收		月　　日	时	分

零部件经办人：_____　　　　修理工：_____　　　　报购员：_____

（××××汽车服务有限公司）

（2）询价与报价。订货部门可以先通过电话、E-mail 或传真与本地区市场联系，如果没有，再与邻近地区的市场联系，仍然没有的话，则可与国外有关公司联系，询问价格和供货时间。

（3）签订急需配件订购合同并收取定金。得到反馈信息后，应将价格和供货时间及时向客户通报，由客户确认价格和供货时间，并签订定购合同和缴纳定金后，才能正式下订单。

（4）跟踪并及时提货交货。订单发出后要注意跟踪询问，时刻掌握供货动态，货到后及时通知客户前来取货。

三、汽车配件采购业务

1. 汽车配件订货的方式

1）集中进货

企业设置专门机构或专门采购人员统一进货，然后分配给各销售部门（销售组、分公司）销售。集中进货可以避免人力、物力的分散，还可以加大进货量，受到供货方重视，并可根据批量差价降低进货价格，也可节省其他进货费用。

2）分散进货

由企业内部的配件经营部门（销售组、分公司）自设进货人员，在核定的资金范围内自行进货。

3)集中进货与分散进货相结合

一般是外埠采购以及非固定进货关系的采取一次性进货,办法是由各销售部门(销售组、分公司)提出采购计划,由业务部门汇总审核后集中采购;本地采购以及有固定进货关系的则采取分散进货。

4)联购合销

由几个配件零售企业联合派出人员,统一向生产企业或批发企业进货,然后由这些零售企业分销。此类型多适合小型零售企业之间,或中型零售企业与小型零售企业联合组织进货。这样能够相互协作、节省人力、化零为整、拆整分销,并有利于组织运输,降低进货费用。

上述几种进货方式各有所长,企业应根据实际情况扬长避短,选择自己的进货方式。

2. 进货业务的程序

汽车配件销售企业的进货程序,主要是按照进货业务计划安排组织进货,有时也要组织计划外进货或临时进货,以应付市场的新情况和补充进货业务计划的不足。一般程序如下所示。

1)制定经营配件目录

汽车配件商店经营配件的目录,包括"经营配件目录"和"必备配件目录"两种,是配件种类构成的进一步具体化和规范化,是汽车配件商店业务经营活动的一项重要内容,更是进货业务的前提。

经营配件目录,就是企业根据经营范围制订的应该经营的全部进货计划,由营业组提出,它是在市场变化、货源情况、销售动态等方面做了充分调查和集体研究的基础上,参考计划期初库存量及各种变化因素,在资金占用合理的情况下,定期提出的。

配件种类目录是商店应该经营的全部配件,必备配件目录是企业为满足广大消费者基本需要而必须备齐的易损配件品种的目录。

2)编制进货计划

为了完成配件进货业务,不管采取哪种进货方式、哪种进货形式,都必须提出进货计划,它是保证进货质量的先决条件。进货计划有年度、半年、季度和月计划四种,一般以季度为主。

3)坚持看样选购

各专、兼职采购员,一定要按批准的进货计划坚持看样选购,选购适销对路的配件,做到"人无我有,人有我全,人全我优,优中求特",保证进货质量。应切实避免只看目录、货单,不看样品,"隔山买牛"的做法,致使出现货单不一致的现象。

4)合理组织外地进货

组织外地进货时,除要严格执行进货计划外,还应注意掌握以下两点要求。

(1)要贯彻"五进、四不进、三坚持"的原则。"五进"就是所进配件要符合"优、廉、新、缺、特"。"四不进"是指凡属下列情况之一者,均不符合进货要求:一是进货成本加上费用、税金后,价格高于本地零售价的不进;二是倒流的配件不进;三是搭配配件及因质次、价高或滞销而大量积压的配件不进;四是本地批发企业同时向同地大批量购进的配件不进。"三坚持"就是坚持看样选购,坚持签订购销合同,坚持验收后支付货款。

(2)要提高外采效益。外采费用开支大,要注意出差费用的节约,注意工作效益。

5）坚持合同制度，签订进货合同

在与配件供货商进行交易行为时，应当与供货商签订书面合同，合同应当明确各方的权利与义务，包括购进配件的品种、质量、规格、数量、时间、地点、结算方式、结账期、合同解除条件、违约责任、合同争议解决方式及各方共同约定的其他条款。必须严格按照合同约定的结算方式、时间及地点与供货商进行货款结算，规范履约行为，严格履行合同。对合同条款有争议的，应按照合同目的、交易习惯及诚实信用原则，确定其条款的真实含义。所有合同格式条款要符合规定，严格遵守《中华人民共和国合同法》。

应当本着合作发展的原则，致力于与配件供货商建立长期稳定、互利互惠的合作关系，主动向供货商反馈市场需求变化和配件商品供求信息，加强综合分析研究，引导配件供货商适应市场发展趋势，以期达到双赢的长期目标。

6）及时提货，认真验收

采购员办完进货手续后，就要及时组织提货，尽量减少中间环节，使汽车配件尽快同消费者见面。

四、汽车配件鉴别与验收

1. 检查汽车配件包装

在接货时，要根据物流配送包装规范检查汽车配件包装是否完整，包装数量是否准确，为汽车配件把好"收货关"，为提高汽车配件入库保管质量打下良好的基础，如图3-9所示。

2. 收货后对汽车配件进行验收

汽车配件采购员在确定了进货渠道及货源，并签订了进货合同之后，必须在约定的时间、地点，对配件的名称、规格、型号、数量、质量检验无误后，方可接收。

1）对配件品种的检验

按合同规定的要求，对配件的名称、规格、型号等认真查验。如果发现产品品种不符合合同规定的要求，应妥善保管，并在规定的时间内向供货方提出异议。

图3-9 检查汽车配件包装是否完整

2）对配件数量的检验

对照进货发票，先点收大件，再检查包装及其标识是否与发票相符。整箱配件一般先点件数，后抽查细数；零星散装配件需点验细数；贵重配件应逐一细数；对原包装配件有异议的，应开箱开包点验细数。验收时，应注意查验配件分批交货数量和配件的总货量。

无论是自提还是供货方送货，均应在交货时当面点清。供货方代办托运的应按托运单所列数量点清，超过国家规定合理损耗范围的应向有关单位索赔。如果实际交货数量与合同规定交货的数量之间的差额不超过有关部门规定的，双方互不退补；超过规定范围的，要按照国家规定计算多交或少交的数量。双方对验收有争议的，应在规定的期限内提出异议，超过规定期限的,视为履行合同无误。

3) 对配件质量的检验

(1) 采用国家规定质量标准的,按国家规定的质量标准验收;采用双方协商标准的,按照封存的样品或样品详细记录下来的标准验收。接收方对配件的质量提出异议的,应在规定的期限内提出,否则视为验收无误。当双方在检验或试验中对质量发生争议时,按照《中华人民共和国标准化管理条例》规定,由标准化部门的质量监督机构执行仲裁检验。

(2) 在数量庞大、品种规格极其繁杂的汽车配件的生产、销售中,发现不合格品、数量短少或损坏等,有时是难以避免的。如果在提货时发现上述问题,应当场联系解决。如果货到后发现,验收人员应分析原因,判明责任,做好记录。一般问题填写《运输损益单》和《汽车配件销售查询单》查询;问题严重或牵涉数量较多、金额较大时,可要求对方派人来查看处理。

(3) 汽车配件从产地到销地,要经过发货单位、收货单位(或中转单位)和承运单位三方共同协作来完成,所以必须划清三方面的责任范围。如检查外包装破损位置与配件破损位置是否相等,如图3-10所示。责任划分的一般原则是:

① 汽车配件在铁路、公路交通运输部门承运前发生的损失和由于发货单位工作差错、处理不当发生的损失,由发货单位负责。

② 从接收中转汽车配件起,到交付铁路、公路交通运输部门运转时止,在此期间所发生的损失和由于中转单位工作处理不善造成的损失,由中转单位负责。

③ 汽车配件到达收货地,并与铁路、公路交通运输部门办好交接手续后,发生的损失和由于收货单位工作的问题发生的损失,由收货单位负责。

④ 自承运汽车配件起(承运前保管的车站、港口从接收汽车配件时起)至汽车配件交付收货单位,或依照规定移交其他单位时止发生的损失,由承运单位负责。但由于自然灾害、汽车配件本身性质,以及发货、收货、中转单位的责任造成的损失,承运单位不负责任。

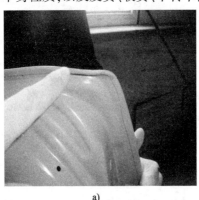

a)   b)

图3-10 外包装破损位置与配件破损位置是否相符
a) 物品损坏局部照片(细致);b) 外包装破损照片(局部细致)

3. 鉴别汽车配件质量的方法

1) 五看

(1) 看商标。要认真查看商标,上面的厂名、厂址、等级和防伪标记是否真实。因为对有短期行为的仿冒制假者来说,防伪标志的制作不是一件容易的事,需要一笔不小的支出。

在商品制作上，正规的厂商在零配件表面有硬印和化学印记，注明了零件的编号、型号、出厂日期，一般采用自动打印，字母排列整齐，字迹清楚，小厂和小作坊一般是做不到的。上汽大众减振器的表面如图 3-11 所示。

（2）看包装。汽车零配件互换性很强，精度很高，为了能较长时间存放、不变质、不锈蚀，需在产品出厂前用低度酸性油脂涂抹。

图 3-11　上汽大众减振器的表面

正规的生产厂家，对包装盒的要求也十分严格，要求无酸性物质，不产生化学反应，有的采用硬型透明塑料抽真空包装。考究的包装能提高产品的附加值和身价，箱、盒大都采用防伪标记，常用的有激光、条码、暗印等。在采购配件时，对这些的查看很重要。

例如，正品机油滤清器的包装精良，壳体上的字迹都是经过排版与设计的，印刷质量也很好，因此清晰、规范、美观。假冒机油滤清器由于追求低成本，一般在印刷上十分粗糙、字体模糊、不规范。真假机油滤清器的包装对比，如图 3-12 所示。

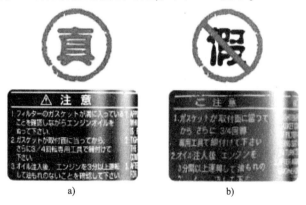

图 3-12　机油滤清器的包装对比

（3）看文件资料。首先要查看汽车配件的产品说明书，产品说明书是生产厂进一步向用户宣传产品、为用户做某些提示、帮助用户正确使用产品的资料。通过产品说明书可增强用户对产品的信任感。一般来说，每个配件都应配一份产品说明书（有的厂家配用户须知）。如果交易量相当大，还必须查询技术鉴定资料。

对于进口配件，还要查询海关进口报关资料。国家规定，进口商品应配有中文说明，一些假冒进口配件一般没有中文说明，而且包装上的外文，有的语法不通，甚至写错单词，一看便能分辨真伪。

（4）看表面处理。鉴别金属机械配件，可以查看表面处理。所谓表面处理，即电镀工艺、油漆工艺、电焊工艺、高频热处理工艺。汽车配件的表面处理是配件生产的后道工艺，商品的后道工艺尤其是表面处理涉及很多现代科学技术。国际和国内的名牌大厂在先进工艺上的投入是很大的，特别对后道工艺更为重视，投入资金少则几百万元，多则上千万元。制造假冒伪劣产品的小工厂和手工作坊有一个共同特点，就是采取低投入掠夺式的短期经营行为,很少在产品的后道工艺上投入技术和资金,而且也没有这样的资金投入能力。例如,正品传动轴外球笼的外行星轮内腔经过中频淬火,且球面、球道均经过硬车磨削,光洁度很好,如图3-13所示。

(5)看非使用面的表面伤痕。从汽车配件非使用面的伤痕,也可以分辨其是正规厂生产的产品,还是非正规厂生产的产品。表面伤痕是在中间工艺环节由于产品相互碰撞留下的。

优质的产品是靠先进的科学管理和先进的工艺技术制造出来的。生产一个零件要经过几十道甚至上百道工序,而每道工序都要配备工艺装备,其中包括工序运输设备和工序安放的工位器具。高质量的产品由很高的工艺装备系数作为保障,所以高水平工厂的产品是不可能在中间工艺过程中互相碰撞的。凡在产品非使用面留下伤痕的产品,肯定是小厂、小作坊生产的劣质品,如图3-14所示。

图3-13 外球笼的外行星轮内腔

图3-14 非使用面的表面伤痕

2)检视法

(1)表面硬度是否达标。零配件的表面硬度都有规定,在征得厂家同意后,可用钢锯条的断茬试划配件表面,但不能划伤工作面。试划时钢锯条打滑且试划后零配件表面无划痕的,说明硬度高;试划后,零配件表面稍有浅痕的,说明硬度较高;试划后,零配件表面有明显划痕的,说明硬度低。

(2)结合部位是否平整。零配件在搬运、存放过程中,由于振动、磕碰,常会在结合部位产生毛刺、压痕、破损,影响零件使用,选购和检验时要特别注意。

(3)几何尺寸有无变形。有些零件因制造、运输、存放不当,易产生变形。检查轴类零件时,可将其沿玻璃板滚动一周,看零件与玻璃板贴合处有无漏光,有漏光则说明零件弯曲,无漏光则说明零件无变形。选购离合器从动盘钢片或摩擦片时,可将钢片、摩擦片举起,观察其是否翘曲。选购油封时,带骨架的油封端面应是正圆形,能与平板玻璃贴合无翘曲;无骨架油封外缘应端正,用手握使其变形,松手后应能恢复原状。选购各类衬垫时,也应注意检查其几何尺寸及形状。

(4)总成部件有无缺件。正规的总成部件必须齐全完好,才能保证顺利装配和正常运行。一些总成件上的个别小零件若漏装,将使总成部件无法工作,甚至报废。

（5）转动部件是否灵活。在检验机油泵等转动部件时,用手转动泵轴,应感到灵活无卡滞。检验滚动轴承时,一手支撑轴承内环,另一手转动外环,外环应能快速自如转动,然后逐渐停转,如图3-15所示。若转动零件发卡、转动不灵,说明内部锈蚀或产生变形。

（6）装配记号是否清晰。为保证配合件的装配关系符合技术要求,有一些零件,如正时齿轮表面均刻有装配记号。若无记号或记号模糊无法辨认,将给装配带来很大的困难,甚至装错。

（7）结合零件有无松动。由两个或两个以上的零件组合成的配件,零件之间是通过压装、胶接或焊接的,它们之间不允许有松动现象。例如,油泵柱塞与调节管是通过压装组合的,离合器从动毂与钢片是铆接结合的,摩擦片与钢片是铆接或胶接的,纸质滤清器的滤芯骨架与滤纸是胶接而成的。电气设备多是焊接的,检验时,若发现松动应予以调换。

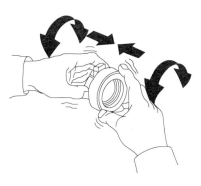

图3-15 转动部件是否灵活

（8）配合表面有无磨损。若配合零件表面有磨损痕迹,或拨开涂漆配件表面油漆后发现旧漆,则多为旧件翻新。当表面磨损、烧蚀、橡胶材料变质,在看不清楚的情况下,可借助放大镜观察。

3）敲击法

判定部分壳体和盘形零件是否有裂纹、用铆钉连接的零件有无松动以及轴承合金与钢片的结合是否良好时,可用小锤轻轻敲击并听其声音。如发出清脆的金属声音,说明零件状况良好;如果发出的声音沙哑,可以判定零件有裂纹、松动或结合不良。

浸油敲击是探测零件隐蔽裂纹最简便的方法。检查时,先将零件浸入煤油或柴油中片刻,取出后将表面擦干,撒上一层白粉（滑石粉或石灰）,然后用小锤轻轻敲击零件的非工作面,如果零件有裂纹,振动会使浸入裂纹的油渍渗出,则裂纹处的白粉呈现黄色油迹。

4）比较法

比较法指用标准零件与被检零件作比较,从而鉴别被检零件技术状况的方法。例如,气门弹簧、离合器弹簧、制动主缸弹簧和轮缸弹簧等,可以用被检弹簧与同型号的标准弹簧（最好用纯正部品,即正厂件）比较长短,即可判断被检弹簧是否符合要求。

5）测量法

（1）检查结合平面的翘曲。以平板或钢直尺作为基准,将其放置在工作面上,然后用塞尺测量被测件与基准面之间的间隙。检查时应分别对纵向、横向、斜向等各方向测量,以确定变形量,如图3-16所示。

（2）检查轴类零件。

①检查弯曲。将轴两端用V形架水平支撑,用百分表触针抵在轴类零件中间,转动轴一周,表针摆差的最大值反映了轴弯曲程度（摆差的1/2即为实际弯曲度）,如图3-17所示。

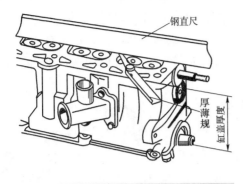

图3-16 检查平面翘曲　　　　图3-17 测量轴类零件的弯曲度

②测量曲轴轴颈尺寸的误差。如图3-18所示,一般用外径千分尺测量曲轴轴颈尺寸,除测量外径,还需测量其圆度和圆柱度。测量时,先在轴颈油孔两侧测量,然后转90°再测量。轴颈同一横断面上差数最大值的1/2为圆度误差。轴颈不同纵断面上差数最大值的1/2为圆柱度误差。

(3)检验滚动轴承。

①检验轴向间隙。如图3-19所示,将轴承外座圈放置在两垫块上,并使内座圈悬空,再在内座圈上放一块小平板,将百分表触针抵在平板的中央,然后上下推动内座圈,百分表指示的最大值与最小值之差,即是轴承的轴向间隙。轴向间隙的最大允许值为0.20~0.25mm。

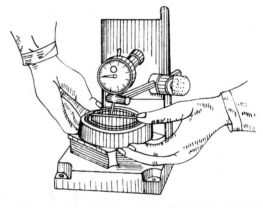

图3-18 测量曲轴轴颈尺寸　　　　图3-19 测量轴承轴向间隙

②检验径向间隙。如图3-20所示,将轴承放在一个平面上,使百分表的触针抵住轴承外座圈,然后一手压紧轴承内圈,另一手往复推动轴承外圈,表针终点所指摆动的数字即为轴承径向间隙。径向间隙的最大允许值为0.10~0.15mm。

(4)检验螺旋弹簧。汽车上应用的有压缩弹簧(如气门弹簧、离合器弹簧、制动主缸弹簧和轮缸弹簧)和拉伸弹簧(如制动摩擦片复位弹簧)等。弹簧的自由长度可用钢直尺或游标卡尺测量(图3-21),弹力的大小可用弹簧试验器检测,弹簧歪斜可用90°角尺检查,如图3-22所示。其中,弹簧歪斜不得超过2°。

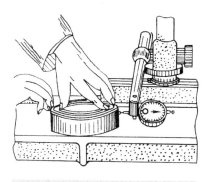
图3-20 测量轴承径向间隙

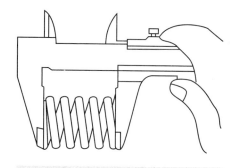
图3-21 弹簧自由长度的测量

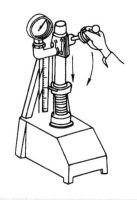
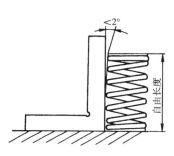

图3-22 检查弹簧状态

上述所有的检验都是为了把好配件质量关,但最好的办法还是从源头上做起,选购品质优良而且具有良好售后服务体系的配件生产厂家(或经销商)的配件,签订完善的采购合同,明确配件质量争议的处理原则和办法,才能真正做到防患于未然。之所以强调这种做法,是因为汽车配件经销商经营的宗旨是服务车主,同时获取利益,而不是充当厂家的质检员。

实际检测一下气门弹簧。

(1)汽车配件采购管理原则:勤进管理原则、以进促销原则、以销定进原则、保管保销原则。

(2)最低安全库存量的确定:订货周期、月平均销量、配件流通级别。

(3)汽车配件的订货流程。

(4)汽车配件订货的方式:集中进货、分散进货、集中进货与分散进货相结合、联购合销。

（5）进货业务的程序：制定经营配件目录、编制进货计划、坚持看样选购、合理组织外地进货、坚持合同制度和签订进货合同、及时提货并认真验收。

（6）鉴别汽车配件质量的方法：检视法、敲击法、比较法、测量法。

 思考与练习

一、填空题

1．汽车配件销售企业内部的3大主要环节是_____、_____和_____。

2．一般地，把_____和_____的零件或材料作为快流件。

3．汽车配件订货的方式有_____、_____、_____和联购合销。

4．汽车配件商店经营配件的目录，包括_____和_____两种。

5．汽车配件采购员在确定了进货渠道及货源，并签订了进货合同之后，必须在约定的_____、地点，对配件的名称、规格、型号、数量、_____无误后，方可接收。

二、选择题

1．离合器片属于_____。
    A．一般件　　　　　　　　　　B．快流件
    C．中流件　　　　　　　　　　D．慢流件

2．国外订货周期一般为_____。
    A．3～5个月　　　　　　　　　B．4～7个月
    C．5～6个月　　　　　　　　　D．2～3个月

三、简答题

1．汽车配件订货管理的原则是什么？

2．怎样确定最低安全库存量？

3．汽车配件订货流程是什么？

4．进货业务的程序是什么？

5．收货后对汽车配件进行验收包括哪些内容？

6．怎样用敲击法鉴别汽车配件质量？

单元四 汽车配件的配送管理

学习目标

完成本单元学习后,你应能:
1. 了解汽车配件配送管理的基本知识;
2. 掌握汽车配件配送的业务流程;
3. 了解汽车配件配送中心的功能与布局;
4. 掌握汽车配件配送合理化的措施。

建议学时:6 学时

汽车配件的配送是汽车配件物流中的重要环节,汽车配件配送工作的好坏直接影响客户满意度和配件企业的经济效益。因此汽车配件配送的管理目标就是要以较低的物流成本向客户提供快捷、安全、准时的优质物流配送服务,提高客户满意度。

一、汽车配件的配送概述

1. 汽车配件配送的概念

"配送"一词属外来语,源于日本,是20世纪50年代,日本专家对美国进行访问后提出的新名词。配送是物流活动中一种特殊的、综合的活动形式,是物流的一个缩影或在某小范围中物流全部互动的体现,包含了商流活动和物流活动,也包含了物流中若干功能要素,一般指短距离、少批量的运输。国内目前普遍采用的是《物流术语》(GB/T 18354—2006)中对"配送"所下的定义,具体表述为:"在经济合理区域范围内,根据用户要求,对物品进行拣选、加工、包装、分割、组配等作业,并按时送达指定地点的物流活动。"

汽车配件的配送指根据顾客要求,将汽车配件在指定的日期和时间之前,安全准确地送达给最终顾客的末端运输活动。汽车配件的配送中心如图4-1所示。

2. 汽车配件配送的特点

1)配送的特点

(1)配送是物流和商流有机结合的一种商业流通模式。从本质上讲,配送本身就是一种商业形式。配送和物流的不同之处在于,物流是商物分离的产物,配送是商物合一的产物。虽然配送在具体实施时会出现商物分离的形式,但从配送的发展趋势看,商流与物流的紧密结合是配送成功的重要保障。配送本身属于一种服务性质的商业活动。

(2)配送是现代物流一个最重要的特征。从物流来讲,配送几乎包括了所有的物流功能要素,是物流的一个缩影或在某小范围中物流全部活动的体现。一般的配送集装卸、包装、保管、运输于一身,通过这一系列活动,完成货物送达。特殊的配送还要以加工活动为支撑,所以包含的方面更广。配送的主体活动与一般的物流不同,一般物流是运输和保管,而配送则是运输和分拣配货,如图4-2所示。分拣配货是配送的独特要求,也是配送活动中有特点的活动。以送货为目的的运输,是实现配送的主要手段,从这点出发,常常将配送简化地看成运输的一种。

图4-1 汽车配件的配送中心

图4-2 分拣与配货

(3)配送是"配"与"送"的有机结合形式。配送与一般送货的区别在于配送利用有效的分拣、配货、理货等工作,使送货达到一定的规模,利用规模效益优势达到低成本的送货。在传统营销模式中,销售方在客户下单后就要立即送货,大大增加了其运力成本。只有在送货活动之前,根据顾客需求进行合理组织与计划,"有组织、有计划"的"配"、"低成本、快速度"的"送",才能实现企业与顾客双赢。

(4)配送是以现代送货形式实现资源最终配置的经济活动。配送的实质是送货,但与一般送货有很大区别。一般送货是一种偶然的行为,配送却是一种固定的形态,或者说,是一种有确定组织和渠道、具备现代化装备和技术力量、有严格的运行管理体制的高水平送货。

(5)配送是在一定区域范围内进行的经济合理的送货。经济合理,是指既要满足用户的需要,又要有利于实现配送的经济效益。配送是从用户利益出发,按用户要求进行的一种活动。因此,在观念上必须明确"用户第一""质量第一"。

2)配送与运输、配送与送货的区别。

(1)运输与配送的区别。当将企业的物流活动分为节点的活动和环节的活动时,将最终环节的活动称为配送,其他环节的活动称为运输。汽车制造企业将商品从整车厂经配送中心送到顾客手中时,工厂和配送中心之间的物流活动就是配送,从配送中心到顾客(汽车4S店、汽车配件经销商、汽车维修厂)之间的物流活动就是运输,具体的区别见表4-1。

配送和运输的区别 表4-1

项目	配送	运输
线路	从物流中心到终端客户	从工厂仓库到物流中心
运输批量	批量小,品种多	批量大,品种少
运输距离	短距离支线运输	长距离干线运输
评价标准	主要是服务质量	主要是运输效率
附属功能	若干功能要素	单一

(2)配送与送货的区别。配送是按照客户的订货要求和时间计划,在物流节点(仓库、商店、货运站、物流中心等)进行分拣、加工和配货等作业后,将配好的货物送交收货人的过程,不同于一般意义上的企业送货工作,具体区别见表4-2。

配送和送货的区别　　　　　表4-2

项　目	配　送	送　货
目的	是社会化大生产、专业化分工的产物,是流通领域内物流专业化分工的反映,是物流社会化的必然趋势	是生产企业的一种推销手段,通过送货上门服务,达到提高销售量的目的
内容	客户需要什么送什么,不单是送货,还有分货、配货、配装等项工作	有什么送什么,只能满足客户的部分需要
承担者	是流通企业的专职,要求有现代化的技术装备作保证。要有完善的信息系统,有将分货、配货、送货等活动有机地结合起来的配送中心	由生产企业承担,中转仓库的送货只是一项附带业务
基础	必须以现代的交通工具和经营管理水平作为基础,同时还和订货系统紧密相连,必须依赖现代信息的作用,使配送系统得以建立和完善	没有具体的要求
技术装备	全过程有现代化技术和装备的保证,在规模、水平、效率、速度、质量等方面占有优势	技术装备简单

3)汽车配件配送的特点

(1)及时性。国内大多数维修站、汽配店、经销商、维修厂和4S店等因为自身规模和资金流动性要求,汽车配件的库存数量都十分有限。一旦配件配送不及时,很容易出现缺货现象,这时会导致客户等待时间过长或是无法修理的情况,顾客满意度会下降,造成客户流失。所以汽车配件配送的及时性在很大程度上决定了维修的及时性和客户满意度。

(2)工作量大。因为配件种类繁多,而且规格、类型和特性等差异很大,给配送过程中的配件调配工作带来了不少困难,如果没有专业的辅助分类方法和自动分拣设备,必然会造成极大的人工工作量。汽车配件自动分拣设备如图4-3所示。

(3)准确性。由于配件配送的业务量较大,加上不同车型、不同规格和不同需求等特点,极容易将相应的规格和类型混淆,造成错误配送,增加往复配送成本。

(4)差异性和不确定性。汽车配件配送服务的地区倾向性十分明显,重点业务大多集中在经济发达地区,而需求的随机性又对配件调度计划的实时性要求很高,并且没有缓冲期来平衡业务计划。

(5)需求的不连续性。在配件入厂物流中,汽车配件的需求是连续的,根据整车厂计划生产整车的数量可以确定各种配件的需求量。而在汽车配

图4-3　汽车配件自动分拣设备

件的配送过程中,各个需求点对配件的需求是不连续的,可能在某段时间内的需求量很大,也可能在一段时间内不需要配送,间歇性明显,连续性差。

3. 汽车配件配送的种类

由于市场需求的不同、产品特性的不同、物流环境的不同,人们对配送服务的要求也不一样。为促进企业提高物资供应水平,增加商品销售量,实施企业物流战略,提升企业产品竞争力,必须对配送服务要求进行细分,以便更好地选择服务方式,正确选择合理的物流配送服务策略。常见的汽车配件配送种类分为两大类。

1)按配送商品的种类和数量分类

(1)单(少)品种大批量配送。此类配送形式的特点为品种单一或较少,且每种物品的配送量大。配送中心内部的组织工作比较简单,所以配送成本一般较低;由于配送数量大,不必与其他商品配装,可使用整车运输,提高车辆利用率。这种形式多由配送中心直接送达客户。

(2)多品种、少批量配送。此类配送形式的特点为多品种、少批量、多批次。配送作业难度大,技术要求高,使用设备较复杂,配送中心内部必须有严格的作业标准和管理制度。在配送上要按照客户的要求,随时改变配送的配件品种和数量或增加配送次数。这种配送方式是一种高水平、高技术的方式,符合现代"消费多样化""需求多样化"的观念,对配货作业的水平要求较高。这也是现代化配送的主要体现方式,所以是许多发达国家特别推崇的配送方法,如图4-4所示。

图4-4 多品种、少批量配送

(3)成套、配套配送。此类配送形式的特点为成套、配套配送,品种多、批量小。按企业生产需要,尤其是装配型企业生产需要,将生产所需的全部配件配齐,按照生产节奏定时送达生产企业指定地点,生产企业随即将成套配件送入生产线装备产品。采取这种配送方式,配送企业实际承担了生产企业大部分供应工作,使生产企业能专心于生产。在不增加采购成本的前提下,实现"零库存"。这种配送方式与多品种、少批量的配送有部分相似的效果,但由于成套和配套的需要,产品在时间、数量上有着严格的搭配要求,这一点与多品种、少批量配送有着严格的区别。

2)按照配送时间和数量分类

(1)定量配送。这种配送方式是将事先协议商定的批量配件在一个指定的时间范围内送达。由于配送品种和数量相对固定,备货工作相对简单,而且没有时间限制,可以根据托盘、集装箱和车辆的装载能力有效地选择配送的数量,能够有效地利用托盘、集装箱等集装方式,也可做到整车配送,配送效率较高。这种配送形式适用于库存控制不太严格,有一定的仓储能力,不施行"零库存"或运输线路没有保障的客户。

(2)定时配送。这种配送方式是按事先双方约定的时间间隔进行配送,每次配送的品种和数量可预先计划,也可以临时根据客户的需求进行调整。在这种方式下双方均易于安排作业计划,对于客户而言,易于安排接货力量(如人员、设备等);对于配送方而言,易于安排配送计划,组合多个用户共同配送,易于计划安排车辆和规划路线,从而降低成本,但是也可能由于配送品种和数量的临时性变化,使管理和作业的难度增加。

(3)定时定量配送。这种配送方式是指按规定时间和规定的配件品种、数量进行配送。兼有定时配送和定量配送的特点,服务质量水准较高,管理和作业难度较大,通常针对固定客户进行这项服务,如图4-5所示。

图4-5 定时定量配送

(4)定时定量定点配送。这种配送方式是指按照确定的周期、确定的品种和数量、确定的客户进行配送。这种配送形式一般事先由配送中心与客户签订协议,双方严格按协议执行。这种方式有利于保证重点企业需要和降低企业库存,主要适合于重点企业和重点项目。

(5)定时定线路配送。这种配送方式是指在规定的运行路线上,制定配送车辆到达时间表,按运行时间表进行配送,客户可按规定路线和规定时间选择这种配送服务,并在指定的时间到指定的位置接货。采用这种配送方式有利于安排车辆和驾驶人,可以对多个用户实行共同配送,无须每次决定货物配装、配送路线、配车计划等问题,因此配送工作组织相对容易,配送成本较低。这种方式适用于配送客户集中的地区。

(6)即时配送。这种配送方式完全按客户提出的时间要求和商品品种、数量要求将配件送达指定的地点。即时配送可以满足用户的临时急需,对配送速度、时间要求很严。这种方式是以某一天的任务为目标,在充分掌握了当天有需要的客户、需要配件的数量和种类的前提下,及时选择最优的配送路线,安排相应的车辆实行配送。适合零星配件、临时需要的配件或急需配件的配送。

6种配送方式的优缺点见表4-3。

6 种配送方式的优缺点　　　　　　　　　　　　　表 4-3

类　型	优　点	缺　点
定量配送	能有效地利用托盘、集装箱等集装方式,可做到整车配送,配送的效率较高	需要客户具有一定的仓储能力,无法实现零库存
定时配送	能使配送企业易于安排工作计划,客户也易于安排接货	配货、配装难度较大,在配送数量变化较大时,配送计划安排容易出现困难
定时定量配送	能按规定时间和规定的配件品种、数量进行配送	对服务质量水准要求较高,管理和作业难度较大
定时定量定点配送	能按确定的周期、确定的品种和数量、确定的客户进行配送,有利于降低企业库存	需要事先与客户签订协议,只适合于重点企业和重点项目
定时定线路配送	能对多个用户实行共同配送,配送成本较低	只适用于配送客户集中的地区
即时配送	能满足零星配件、临时需要的配件或急需配件的临时急需	对配送速度、时间要求很严

二、汽车配件的配送模式

1. 总部直接配送模式

总部直接配送模式是国内汽车服务公司早期采取的配送方式,在汽车服务公司总部设置中央配件仓库,直接配送到每一个服务站,如图 4-6 所示。

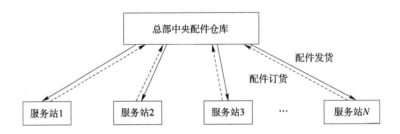

图 4-6　总部直接配送模式

优点是中央仓库会储备公司所有类型的配件,对库存集中进行管理,提高了管理效率。由于不存在公司内部多个仓库重复备货的问题,这种方式是最为经济有效的。因为没有区域库的重复库存,节省了人员和运作费用,可以有效控制总的库存运作费用。

缺点是由于库存集中在一个仓库存放,运输到全国各服务站的线路较长,每次配送的距离远,运输需要时间长,服务响应速度较慢。若有紧急需求,需要委托加急快递服务,服务成本上升。

2. 总部加分拨中心的配送模式

总部直接配送制可以有效控制库存运作成本,但是对客户响应速度较慢。因此,现在汽车配件的配送大多采用了总部加分拨中心的配送模式,如图 4-7 所示。

当服务站需要配件而下订单时,由中央仓库接收订单信息,进行验货、理货、打包,然后直接配送到各需要配件的服务站。中央仓库会根据各服务站的出货量以及到各服务站的距离选择不同的运输方式,或选择自己的车队,或选择第三方物流公司配送至各区域汽车维修服务站。

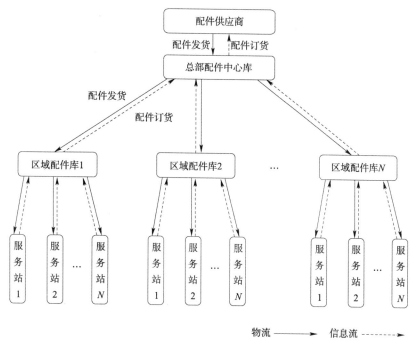

图4-7　总部加分拨中心配送模式

由于受配送距离与时间限制,整车厂总部除了设立中心配件仓库之外,为了达到对各服务站快速响应的要求,将全国分为几个大区,在每个大区设置一个大区分拨中心配件分库,各大区分库对区域内的服务站进行短距离配送。

三、汽车配件的配送业务流程

1. 汽车配件的配送系统

随着汽车厂生产规模的不断扩大和市场保有量的不断增加,特约服务站的数量日益增多,分布点越来越广。新车型不断增多带来配件品种的快速增加,客观上要求特约服务站能为用户及时提供多品种的维护修理配件,只有采取配送才能在不降低服务质量的前提下降低特约服务站的库存压力,满足用户的需求。汽车配件配送系统流程图如图4-8所示。

2. 汽车配件的配送业务流程

总部加分拨中心配送模式下,汽车配件的配送业务流程分为三种情况。

(1)各地特约服务站根据市场需求和各自库存情况向本地区配件分库发送配件需求信息。这时,如果大区分库中该类配件库存充足,则将配件发送给相应服务站;如果库存不足,则将各服务站的需求信息汇总,并结合本地库存情况制订需求计划,上报给总部中心库申请发货。

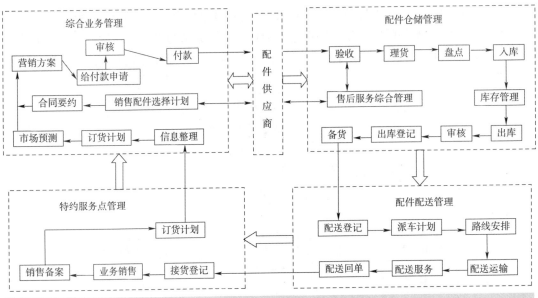

图 4-8　典型的汽车配件配送系统流程图

(2) 如果公司总部中心库库存充足,则将配件发送给相应大区分库,否则将各大区分库呈报上来的配件需求信息进行汇总,再结合总部库存情况制订配件的最终采购计划。

(3) 总部中心仓库将配件供应商送来的配件进行分拣、再包装,根据各大区分库提供的需求信息将配件发送到各大区分库,各大区分库根据各服务站的订单将配件发送给各特约服务站。

3. 汽车配件的配送基本环节

汽车配件的配送包括备货、理货、送货三个基本环节。

(1) 备货。包含两项具体活动,即筹集货物和储存货物。

在不同的经济体制下,筹集货物由不同的行为主体完成。若生产企业直接配送,筹集的工作由企业(生产者)组织。在专业化流通体制下,筹集货物的工作会出现两种情况:第一种情况是由提供配送服务的配送企业直接承担,配送企业通过向生产企业订货或购货完成此项工作;第二种情况是选择商流、物流分开的模式进行配送,订单、购料等筹备货物的工作通常由货主(如生产企业)承担,配送企业只负责进货和集货,货物所有权属于客户(接受配送服务的需求者)。

图 4-9　包装

储存货物是购货、进货活动的延续。在配送活动中,货物储存有两种表现形态,一种是暂存形态;另一种是储备(包括保险储备和周转储备)形态。

(2) 理货。是配送的一项重要内容,也是配送区别于一般送货的重要标志。理货包括分拣、配货和包装(图 4-9)等各项经济活动。

分拣是将货物按品名、规格、出入库先后顺序进行分门别类的作业,通过采用适当的方式和手段,从储存的货物中拣选用户所需货物。分拣是配送不同于一般形式的送货和其他物流形式的重要功能要素,也是决定配送成败的一项重要支持性工作。分拣货物常用的操作方式主要包括摘取式分拣和播种式分拣两种。

摘取式分拣就是像在果园中摘果子那样去拣选货物。作业人员拉着集货箱(或称分拣箱)在排列整齐的仓库货架间巡回走动,按照配送单上所列的品种、规格、数量,将客户所需要的货物拣出并装入集货箱内。在一般情况下,每次拣选只为一个客户配装。在特殊情况下,也可以为两个客户配装。在摘取式分拣流程中,储物货位相对固定,拣货人员或工具相对运动,所以又称人到货前式分拣。目前,由于推广和应用了自动化分拣技术,装配了自动化分拣设施,分拣作业的劳动效率有了较大提高。

播种式分拣货物类似于田间播种操作。将数量较多的同种货物集中运到发货场,然后根据每个货位的发送量分别取出货物,投放到每个代表用户的货位上,直至配货完毕。为了完好无损地运送货物和便于识别配备好的货物,有些经过分拣、组装好的货物尚需重新包装,并且要在包装物上贴上标签,记载货物的品种、数量、收货人姓名、地址和运抵时间。在播种式分拣的流程中,用户的分货位置固定,分货人员或工具携货物相对运动,所以又称货到人前式分拣。

(3)送货。送货是配送活动的核心,也是备货和理货工序的延伸。在送货流程中,包括搬运、配装、运输和交货环节。在送货流程中,除了要圆满地完成货物的移交任务,还必须即时进行送货作业。选择合理的运输方式和使用先进的运输工具,对于提高送货质量至关重要。

四、汽车配件的配送中心

1. 配送中心的概念

配送中心(RDC)是指作为从事配送业务的物流场所和组织,接受汽车生产企业或汽车配件生产企业等供货商多品种、大批量的货物,然后按照多家需求者的订货要求,迅速、准确、低成本、高效率地将商品配送到需求场所的物流节点。宝马上海配件配送中心、上海通用汽车全国配件配送中心如图4-10、图4-11所示。

图4-10 宝马上海配件配送中心

图4-11 上海通用汽车全国配件配送中心

要注意配送中心与保管型仓库、物流中心的区别。配送中心也可以看作是流通仓库,但决不能看成是保管型仓库,保管型仓库主要是为了商品的储存和保管。物流中心的主要功能是加快商品周转,提高流通效率,满足客户对物流的高要求,配送中心是物流中心的一种主要形式。具体的区别见表4-4。

配送中心与保管型仓库、物流中心的区别　　　　　表 4-4

项　　目	配 送 中 心	保管型仓库	物 流 中 心
服务对象	特定用户	特定用户	面向社会
主要功能	各种配送功能	物资保管	各种物流功能
经营特点	配送为主,储存为辅	库房管理	强大的储存、吞吐能力
配送品种	多品种	—	少品种
配送批发	小批量	—	大批量
辐射范围	辐射范围小	辐射范围小	辐射范围大
保管空间	保管空间与其他功能各占半	全部为保管空间	—

2. 配送中心的功能

配送中心与传统的仓库、运输不同,传统的仓库只重视对汽车配件的保管和储存,传统的运输只提供汽车配件的运送,而配送中心是整个配件供应链的核心,是保证配件供应链正常运作的关键设施。配送中心具有以下各项功能。

(1) 采购管理功能。配送中心从生产商或供应商那里采购大量的、品种齐全的货物。在执行这项功能时,配送中心需加强对采购信息的收集与分析;与制造商和供应商建立稳定的合作伙伴关系,以避免假冒伪劣商品混入,降低采购风险;通过加强对商品市场的调查了解供需状况,减少因采购不当而造成的库存积压;还要确定采购集货操作时间,以免因采购不及时造成脱销或停产。

(2) 存货控制功能。配送中心必须保持一定的存货水平。如果低于合理的库存水平,可能造成缺货,而过高的库存水平则会造成资金占压和物流成本的上升。因此配送中心必须掌握客户信息和供应商信息,在保证供应的前提下,严格控制库存水平。

(3) 流通加工功能。物流中心的各种流通加工作业可以改善产品功能、促进销售、提高配送中心的服务品质。流通加工作业主要包括分类、大包装拆箱、改包装、产品组合包装、粘贴商标标签。

(4) 分拣配送功能。配送中心要按照客户订单要求对货品进行分拣配货作业,并以最快的速度将货物送达客户。通过货品分拣可以满足客户所需货品配量的品种和数量,通过货品组配,可以减少货物运输距离,减少单位品种订货成本,降低客户订货批量限制,降低客户存货成本。配送中心的分拣配送效率是物流服务质量的集中体现,分拣配送功能是配送中心最重要的功能。

(5) 信息处理功能。配送中心的整个业务活动必须严格按照订货计划、客户订单和库存计划等内容进行操作,而这一过程本身就是信息处理过程。信息的处理具体表现在接受订货、指示发货、确定配送计划、与制造商和客户的衔接等方面。

(6) 客户服务功能。从物流的角度来看,客户服务是所有物流活动的产物,客户服务水平是衡量物流系统为客户创造顾客价值的尺度,决定了企业能否留住现有客户并吸引新客户,直接影响企业的盈利能力。因此在配送中心的运作中,客户服务是至关重要的一项功能。

3. 配送中心的布局

配送中心通常是依据配件物流进行合理布局,划分为若干个区域,以满足配件中心各项功能的实现。配送中心一般配置的工作区包括接货区、储存区、理货区等6个区域。上海通用汽车全国配件配送中心局部库存区如图4-12所示。

图4-12 上海通用汽车全国配件配送中心局部库存区

（1）接货区。该区域完成配件接货和入库前的工作。如接货、卸货、清点、检验、分类等各项准备工作。接货区的主要设施包括装卸货站台、暂存验收检查区域。

（2）储存区。该区域储存或分类储存所进的配件，属于静态区域，进货在此要有一定时间的放置。通常是按照不同车型、不同总成、不同用途、不同大小或按照配件的周转速度分区存放，以优化配件物流。

（3）理货、备货区。该区域进行分货、拣货、配货作业，为送货做准备。一般来说，汽车配件是多客户、多品种、少批量、多批次的配送，分货、拣货、配货工作复杂，因此该区域所占面积较大。

（4）分放、配装区。在这个区域里，按客户需要，将配好的货暂存，等待外运，或根据每位客户的货物状况决定配车方式和配装方式，然后直接装车或运到发货站台装车。

（5）外运发货区。在这个区域里将准备好的货装入外运车辆发出。有一定的装卸作业场地，有发货台、外运线路等设施。目前配件的运输方式多采用集装箱运输，因此发货区的设施必须与运输方式相适应，以减少中转和装运的劳动力，有利于配件的发运。

（6）加工区。在该区域内进行分装、包装、混配等各种类型的流通加工。例如，汽车配件的配送中心通常设有包装区，包装作业分为收货包装作业和发货包装作业。收货包装是对外协件更换包装 的作业。在配件专控模式下，整车厂发出的配件，无论是原厂件还是外协件，一律视为整车厂的原厂出品，整车厂向用户承担产品质量责任，因此对采购的外协件，需要拆除原有包装，进行统一的再包装。发货包装是再次受到发货指令后，根据发货数量进行运输包装作业。

4. 配送中心的业务流程

汽车配件的配送中心主要业务流程包括进货、储存保管、理货配货、出货作业四个环节。如图4-13所示。

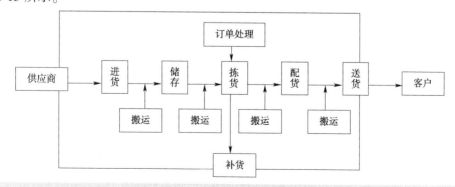

图4-13 配送中心业务流程图

（1）进货作业。配送中心进货作业是进行各项作业的首要环节，这一环节要在对需求者充分调查的基础上进行，主要包括订货、接货和验货三个环节。

订货是配送中心收到并汇总客户的订单后，首先确定配送货物的数量，然后了解现有商品库存情况，再确定向供应商进货的品种和数量，并下达订单。

供应商根据订单要求的品种和数量组织供货，配送中心接运到货。

签收送货单后进行货物验收，在配送中心应由专人对货物进行检查验收，依据合同条款的要求和有关质量标准严格把关。

（2）保管作业。对于验收合格的商品，要进行开捆、堆码和上架。配送中心为保证供应，通常都会保持一定数量的商品库存（安全库存），一部分是为了从事正常的配送活动而保有的存货，库存量比较少；另一部分是集中批量采购形成的库存，具有储存的性质；也有供应商存放在配送中心准备随时满足顾客订货的存货。

（3）理货配货作业。理货配货作业是配送中心的核心作业环节，根据不同客户的订单要求，进行货物的拣选、分货、检验和包装等工作。

拣选是配送中心作业活动中的核心内容，是按订单或出库单的要求，从储存场所选出物品，并放置在指定地点的作业。

分货就是货物分组，将集中拣选出来的商品按照店铺和配送车辆、配送路线等分组，分别码放在指定的场所，便于配送中心按照客户的订单要求及时将货物送达到客户手中。在这个环节中要进行配货检验和包装。

检验作业是指根据用户信息和车次对拣选物品进行商品号码和数量的核实，以便对产品状态和品质进行检查。

包装作业是指配送中心将需要配送的货物拣取出来后，为便于运输和识别不同用户的货物所进行的重新包装或捆扎，并在包装物上贴上标签。

（4）出货作业。这项作业包括配载、装车和送货。

确定运输车辆和运输线路后，配送中心要将在同一时间内出货的不同用户的货物进行组合，配装在同一批次的运输车辆上进行运送，这就是配装作业。按后送先装的原则装车，然后按事先设计好的运输路线，将货物最终送达客户手中。汽车配件配送中心分销仓下的物流环节流程如图4-14所示。

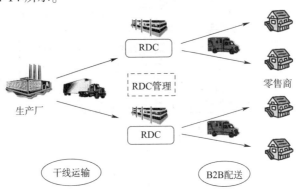

图4-14　配送中心分销仓下的物流环节流程

5. 汽车配件配送的合理化

配送是通过现代物流技术的应用,实现商品的集货、储存、分拣和输送,因此配送集合了多种现代物流技术。建立现代化的高效率配送系统,必须以信息技术和自动化技术为手段,以良好的交通设施为基础,不断优化配送方式,实现配送的合理化。如图4-15所示。

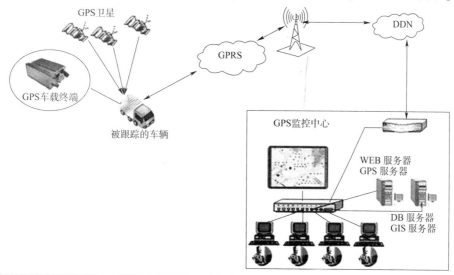

图4-15 现代物流信息技术在配送中的应用

1) 配送合理化的思想

配送活动中各种成本之间经常存在此消彼长的关系,配送合理化的一个基本思想就是"均衡",从配送总成本的角度权衡得失。即使局部不够优化,但是一定要保证整体优化,这样才能够获得配送管理的最大收益。例如,对配送费用的分析,均衡的观点是从总配送费用入手,即使某一个环节要求高成本的支出,但是如果其他环节能够降低成本或取得利润,就认为是均衡的,均衡造就合理。

2) 配送合理化的标志

配送合理与否的判断,是配送决策系统的重要内容。一般来说有七个方面的标志。

(1) 库存标志。库存是判断配送合理与否的重要标志,主要包括库存总量和库存周转两个指标。在一个配送系统中,配送中心库存数量加上各用户在实行配送后库存量之和应低于实行配送前各用户库存量之和。由于配送企业的调剂作用,以低库存保持高的供应能力。库存周转一般总是快于原来各企业库存周转。

(2) 资金标志。实行配送应有利于资金占用降低和资金运用的科学化,具体判断标志有资金总量、资金周转、资金投向等三项。

①资金总量。用于资源筹措所占用的流动资金总量,随储备总量的下降和供应方式的改变必然有一个较大的降低。

②资金周转。从资金运用来讲,由于整个节奏加快,资金充分发挥作用,同样数量的资金,过去需要较长时期才能满足一定供应要求,配送之后,在较短时期内就能达此目的。

③资金投向。实行配送后,资金必然从分散投入改为集中投入,这样才能加强调控作用。

(3) 成本和效益标志。总效益、宏观效益、微观效益、资源筹措成本都是判断配送合理化的重要标志。对于不同的配送方式,有不同的判断侧重点。例如,配送企业、用户都是各自独立的以利润为中心的企业,不但要看配送的总效益,而且还要看对社会的宏观效益和对这两家企业的微观效益。如果配送是由用户企业自己组织的,配送主要强调保证能力和服务性,效益主要从总效益、宏观效益和用户企业的微观效益来判断。

(4)供应保证能力标志。配送的重要一点是必须提高对用户的供应保证能力,具体包括三个方面。第一,缺货次数;第二,配送企业集中库存量,即对用户来讲,库存量所形成的保证供应能力高于配送前单个企业的保证能力;第三,即时配送的能力和速度,即用户出现特殊情况的特殊供应保障方式,实行配送后,用户紧急进货能力和速度必须高于未实行配送前才算合理。

(5)社会运力标志。末端配送是目前运能、运力使用不合理,造成较大浪费的领域。运能和运力的合理使用成为配送合理化的重要标志。运力使用的合理化是依靠对送货运力的规划、整个配送系统流程的合理制定以及与社会运输系统合理衔接实现的。

(6)用户企业物流能力标志。实行配送后,各用户库存量、仓库面积、仓库管理人员、用于订货和接货的人员都应该减少。

(7)物流合理化标志。配送必须有利于物流合理化,这一点可以从以下几个方面判断。
①是否降低了物流费用。
②是否减少了物流损失。
③是否加快了物流速度。
④是否发挥了各种物流方式的最优效果。
⑤是否有效衔接了干线运输和末端运输。
⑥是否不增加实际的物流中转次数。
⑦是否采用了先进的技术手段。

3)配送合理化的措施

(1)推行共同配送。共同配送的实质就是在同一个地区,多家企业在物流运作中相互配合,联合运作,共同进行理货、送货等活动的一种组织形式。共同配送有利于克服不同企业之间的重复配送或交错配送,提高车辆使用效益,减少城市交通拥挤和环境污染,因此,推行共同配送,将带来良好的社会效益和经济效益。

(2)实行区域配送。配送区域的扩大化趋势,突破了一个城市的范围,发展为区间、省间,甚至是跨国配送。即配送范围向周边地区、全国乃至全世界辐射。配送区域的扩大化趋势将进一步带动国际物流,使配送业务向国际化方向发展。

(3)推行准时配送。准时配送是配送合理化的重要内容。配送只有做到了准时,用户才能实现低库存或零库存,可以有效地安排接货的人力、物力,提高工作效率。另外保证供应能力,也取决于准时供应。从国外的经验看,准时供应配送系统是现在许多配送企业追求配送合理化的重要手段。

(4)推行即时配送。即时配送是最终解决用户企业所担心的供应间断问题,大幅度提高供应保证能力的重要手段。即时配送是配送企业快速反应能力的具体化,是配送企业能力的体现,可以发挥物流系统的综合效益。

(5)实行送取结合。配送企业在与用户建立稳定的、密切的协作关系后,成为用户的供应代理人,甚至是产品代销人。在配送时,将用户所需的物资送到,再将该用户生产的产品用同一车运回,避免了不合理运输,同时代存代储,免去了生产企业库存。这种送取结合的组织形式,使运力充分利用,也使配送企业功能有了更大的发挥,从而达到合理化。

(6)实行多种配送方式的优化组合。每一配送方式都有优点,多种配送方式和手段的最优化组合,将会有效地解决配送过程、配送对象、配送手段之间的复杂问题,取得配送效益最大化。

4)汽车配件配送的合理化策略

许多整车厂在中心区域建立了辐射全国网点的中心库,在各地区设立配件的配送中心来辐射本地区内网点,形成了"配件中心库—地区配件的配送中心—销售终端配件仓库"的配件网络。在整个配件网络中,配件的配送中心根据对本地区配件需求的预测,保持必要的库存以确保经销商的需求。一旦发生需求,订单通过电子网络传送到配送中心,然后委托第三方物流公司快速送到经销商仓库。通过分级管理方式,实现了小批量、多批次的配件供应,从而加速了从供应商到经销商的发运过程,提高了配件业务运转速度,缩短了交货期。

目前,汽车厂商在不断优化物流配送网络时,多采取以下几种合理的配送策略。

(1)分布式优化战略。福特客户服务部门(FCSD)负责福特汽车原厂配件的对外供应。FCSD 与 Schneider 物流协作,共同建设了称之为"每天配件优势(DPA)"的配件网络,将配件配送给经销商。福特汽车公司以库存分类为手段来满足经销商的不同需要,实施更加灵活和更加快捷的分布式战略。例如,将快速周转的配件的存储地点建在一些战略性的重要区域,而那些周转缓慢的配件的存储地点放在一个或两个中心地点。通过实施分布式优化策略后,对于大多数配件 FCSD 可以做到将供货时间从 3.5 天降低到少于 12 小时,经销商的配件进货也从每一周或每两周一次变为每天一次,95% 的客户在进行车辆维修时都无须等待配件,车辆需要隔夜才能修好的比例下降了 72%,客户的满意度提高了 10%。

(2)集中式优化战略。大众汽车美国公司的配件业务在最近的五年里增加了 1 倍,已经达到了每年 10 亿美元的规模。与福特的做法不同,大众汽车美国公司一直在使用一个只有一个层级的配件配送系统为北美经销商网络供货。该配送网络的提前期为 40~65 天。在早期,大众汽车美国公司在其 6 家配件配送中心常备 120 天到 150 天的库存,确保给经销商即时供货。现在,大众汽车美国公司投资了 2 亿美元建起了配件的配送系统,基于网络订货系统,实现将不同的配件从德国送往不同的配件配送中心,从而实现了 24 小时的供货周期,将配件供应链成本降低了 30%,将安全库存从 60 天压缩到了 5 天。如图 4-16 所示。

图 4-16　大众汽车美国公司

五、案例——神户汽车制造公司的一体化供应链配送

1981 年,神户汽车制造公司在美国建立了其第一个制造工厂,并因此获得比美国汽车制造商更低的价格优势。在后来的几年中,神户汽车制造公司的汽车获得了高质量的良好商誉,其信誉远远超过了美国国内汽车制造商。事实上,1988 年神户汽车制造公司制造的

星火系列汽车已经成为第一畅销车,使其成为美国市场上质量和价格的领先者。到1995年,神户汽车制造公司在美国已经生产并销售了50多万辆汽车,成为第四大汽车制造商。

从全球范围看,神户汽车制造公司已经拥有遍布40个国家的73个生产点,向全球超过150个国家的市场供给汽车,并且拥有一个以50个国家的市场为基础的供应商网络。这种全球性的复杂供应链,给神户汽车制造公司如何有效地为经销商供给整车和配件的配送提出了严峻挑战。

在神户汽车制造公司的全球供应链中存在两种类型的配件,第一种是原装备的部件(OEM),由供应商直接运输给生产汽车的制造商,以满足每天的生产需要;第二种是备用部件,由相同的供应商向在北美市场的神户汽车配件公司进行配送,然后分销给汽车分销商。

神户汽车制造公司目前由位于美国的15个仓库为1300家经销商提供网络服务,从大约300家供应商处接收备用部件,这些供应商大部分位于美国。也有一小部分位于加拿大、墨西哥和日本。神户汽车制造公司主要提供以下两种配送方式。

1. 销售配送

神户汽车制造公司的两大事业部子公司KAMCO和KAPCO都具有复杂的供应链。尤其是KAPCO公司,由于配件的动态需求性质复杂,具有三个层次的供应链网络。在美国辛辛那提的全国性供应点就有22000种存货管理单位,用来向洛杉矶、亚特兰大、汉诺威、宾夕法尼亚州、纽瓦克、新泽西、雪域、纽约、缅因州、里士满、弗吉尼亚等地点供应存货。在洛杉矶的区域配送中心负责向波特兰、盐湖城和菲尼克斯配送中心供应存货;在亚特兰大的配送中心负责向达拉斯、芝加哥、堪萨斯城、杰克逊维尔和佛罗里达供应存货。

这个经销网络接收来自300个供应商的供货,负责向位于北美的1300个经销商供货。各个配送中心通过大约50个承运人联结起来,主要的运输方式为铁路整车运输、铁路零担运输。铁路整车运输一般用于供应点之间的运输,快运、零担运输一般用于向经销商提供进货和出货服务。

要保证KAMCO公司的良好声誉,就必须在经销商这个层次上使用KAMCO公司的配件,因此对经销商的配送必须严格控制,配送一旦未能及时到达,经销商就会购买KAMCO公司竞争对手的产品。

2. 供应配送

快速获得配件而不耽误生产对于提高生产效率是至关重要的。大多数供应商都向位于乌尔本、俄亥俄的KAMCO公司的工厂实行每日配送,配送量是根据KAMCO公司提供的生产计划确定的。工厂收到配件后,将这些配件集中起来存入工厂的临时配送中心,随时向生产第一线配送配件,以保证生产的顺利进行。工厂只持有一天生产所需的存货量。

KAPCO公司的周转时间不同于KAMCO公司,因为他们的供应商只持有很少或者不持有配件的存货,这些供应商所需的配件由原件装配生产商提供,因此KAPCO公司向供应商发出的订单又会产生新的订单,即供应商又会向配件装配生产商发出订单。KAPCO公司每月发出一次订单,即使供应商的配送及时,这种周转时间还是较长和难以预测的。

 **单元小结**

(1)汽车配件的配送是按照客户的订货要求和时间计划,在物流节点(仓库、货运站、物

流中心等)进行分拣、加工和配货等作业后,将配好的货物送交收货人的过程。目的是提供安全、准确、优质的服务,达到较低的物流成本。从总体上看,汽车配件的配送是由备货、理货和送货三个基本环节组成,其中每个环节又包含着若干项具体的活动。

(2)由于汽车配件的配送具有即时性、准确性、差异性、不确定性、需求的连续性等特点,所以整车厂和汽车配件企业大都采用总部加分拨中心的配送模式,以保证汽车配件准时交货,提高客户满意度。

(3)汽车配件的配送中心是配件供应链上的重要节点,承担着配件的进货、库存、包装、加工、运输、送货、信息处理等任务,具有采购管理、存货控制、流通加工、货物分拣、货物组配、货物周转、信息处理、客户服务管理、货物储存管理、运输服务管理等功能。配送中心为满足以上各项功能,根据配件物流进行合理布局。合理配送是体现汽车配件服务水平的重要标志,无论是整车厂还是分拨中心都需要通过不断优化配送方式实现汽车配件的配送合理化。

思考与练习

一、填空题

1. 配送是指在经济合理区域范围内,根据用户要求,对物品进行拣选、_____、包装、_____、_____等作业,并按时送达指定地点的物流活动。
2. 汽车配件按配送的种类和数量分类,分为_____、_____、_____。
3. 汽车配件的配送包括_____、_____、_____三个基本环节。
4. 汽车配件的配送中心的主要业务流程包括_____、_____、_____、出货作业四个环节。

二、选择题

1. _____是判断配送合理与否的重要标志。
   A. 库存标志　　B. 资金标志　　C. 成本和效益标志　　D. 供应保证能力标志
2. 配送中心必须保持一定的存货水平。如果低于合理的库存水平,可能造成缺货,而过高的库存水平则会造成资金占压和物流成本的上升,这是配送中心的_____功能。
   A. 采购管理　　B. 存货控制　　C. 流通加工　　D. 分拣配送功能
3. _____是配送区别于一般送货的重要标志。
   A. 筹集货物　　B. 储存货物　　C. 理货　　　　D. 送货

三、简答题

1. 什么是配送?配送与运输、送货有什么区别?
2. 汽车配件的配送有哪几个基本环节?其中包括哪些具体工作?
3. 什么是配送中心?它和物流中心、保管型仓库有什么区别?
4. 配送中心有哪些功能?为满足这些功能应该如何布局?
5. 如何判断并推进配送合理化?
6. 简述汽车配件的配送合理化策略。

单元五 汽车配件仓储管理

学习目标

完成本单元学习后,你应能:
1. 了解仓储管理的概念、作用与任务;
2. 掌握汽车配件的入库程序;
3. 掌握汽车配件仓库管理的基本要求、库内布置、保管原则;
4. 了解汽车配件仓库的布置;
5. 掌握汽车配件的货位编号方法;
6. 掌握配件的保管与保养,废旧物资的回收与利用;
7. 掌握汽车配件的出库程序;
8. 掌握零件的盘点内容、方式和出现问题的处理方式;
9. 了解仓储成本的核算和节约。

建议学时:14学时

仓储管理是汽车配件销售企业和汽车维修企业管理的重要组成部分,是汽车配件销售和汽车维修的物资基础。

一、仓储管理的基本概念

为了顺利地进行仓库作业活动,使人、设备和物资三要素协调配合,消灭浪费,防止由于不量力而行和不平衡造成失误而进行的一系列管理活动,称作仓储管理。

汽车配件的仓储管理,就是以汽车配件的入库、保管、维护和出库为中心而开展的一系列活动。具体包括汽车配件的入库验收、保管、维护、发货、账册、单据与统计管理等工作。另外,科学管理要渗透到仓储管理的各个方面,要以最少的劳动力、最快的速度、最省的费用取得最佳的经济效益,以达到保质、保量、安全、低耗地完成仓储管理的各项工作和任务。

1. 汽车配件仓储管理的作用

1) 仓储管理是保证汽车配件使用价值的重要手段

汽车配件经营企业的仓库是服务于用户,为本企业创造经济效益的物资基地。仓库管理的好坏,是汽车配件能否保持使用价值的关键之一。如果严格地按照规定加强对配件的科学管理,就能保持其原有的使用价值,否则,就会造成配件的锈蚀、霉变或残损,使其部分甚至是全部失去使用价值。所以加强仓库的科学管理,提高保管质量,是保证所储存的汽车配件价值的重要手段。

2）仓储管理是企业为用户服务的一个重要内容

用户需要各种类型的汽车配件，汽车配件经营企业在为用户服务的过程中，要做大量的工作，最后一道工序就是要通过仓库管理员，将用户所需的配件交给用户，满足用户的需求，以实现企业服务用户的宗旨。

2. 仓储管理的任务

仓库管理的基本任务，就是做好汽车配件的进库、保管和出库工作。在具体工作中，要求做到保质、保量、及时、低耗、安全地完成仓库工作的各项任务，并节省保管费用。

1）保质

保质就是要保持库存配件原有的使用价值，为此，必须加强仓库的科学管理。在配件入库和出库的过程中，要严格把关，凡是有质量问题或其包装不合规定的，一律不准入库和出库；对于库存配件，要进行定期检查和抽查，凡是需要进行保养的配件，一定要及时进行保养，以保证库存配件的质量随时处于良好状态。

2）保量

保量，是指仓库保管按照科学的储存原则，实现最大的库存量。在汽车配件保管过程中，变动因素较多，例如配件的型号、规格、品种繁多，批次不同，数量不一，长短不齐，包装有好有坏，进出频繁且不均衡，性能不同的配件的保管要求不一致等，要按不同的方法分类存放，既要保证配件方便进出库，又要保证仓库的储量，这就要求仓库管理员进行科学合理的规划，充分利用有限的空间，提高仓库容量的利用率。

同时，要加强对配件的动态管理，配件在入库和出库过程中，要严格执行交接点验制度，不但要保证其质量好，而且要保证数量准确无误。对库存配件一定要坚持"有动必对，日清月结"，定期盘存，认真查实，随时做到库存配件账、卡、物三相符。

3）及时

在保证工作质量的前提下，在汽车配件入库和出库的各个环节中，都要体现一个"快"字。入库验收过程中，要加快接货、验收、入库的速度；保管过程中，要安排好便于配件进出库的场地和空间，规划好货位和垛型，为快进快出提供便利条件；出库过程中，组织足够的备货力量，安排好转运装卸设备，为出库创造有利条件。对于一切烦琐的、可要可不要的手续，要尽量简化，要千方百计压缩配件和单据在库的停留时间，加快资金周转，提高经济效益。

4）低耗

低耗，是指将配件在保管期间的损耗降到最低限度。配件在入库前，由于制造或运输、中转单位的原因，可能会发生损耗或短缺，所以应严格进行入库验收把关，剔除残次品，发现数量短缺，并做好验收记录，明确损耗或短缺责任，以便为降低保管期间的配件损耗或短缺创造条件。配件入库后，要采取有效措施，如装卸搬运作业时，要防止野蛮装卸，爱护包装，包装损坏了要尽量维修或者更换；正确堆码苫垫，合理选择垛型及堆码高度，防止压力不均倒垛或挤压坏产品及包装。对于上架产品，要正确选择货架及货位。散失产品能回收尽量回收，以减少损失，降低库存损耗。同时，要确定各种产品保管的损耗定额，限制超定额损耗，把保管期间的损耗减到最低限度。

5)安全

安全,是指做好防火、防盗、防霉变残损,以及防工伤事故、防自然灾害等工作,确保配件、设备和人身安全。

6)节省费用

节省费用,是指节省配件的进库费、保管费、出库费等成本。为达到这些目的,必须加强仓库的科学管理,挖掘现有仓库和设备的潜力,提高劳动生产率,把仓库的一切费用成本降到最低水平。

二、汽车配件入库程序

入库验收是配件入库管理的准备阶段。配件一经验收入库,仓库保管工作就正式开始,同时也就划清了入库和未入库之间的责任界限。

1. 配件入库验收的重要性

入库的配件情况比较复杂,有的出厂之前就不合格,如包装含量不准确、包装本身不合乎保管和运输的要求;有的在出厂时虽然是合格的,但是经过几次装卸搬运和运输,致使有的包装损坏、数量短缺、质量受损,使有的配件已经失去了部分使用价值,有的甚至完全失去使用价值。这些问题都要在入库之前弄清楚,划清责任界限。否则,配件在入库保管之后再发现质量、数量问题,就会由于责任不清,给企业造成不必要的经济损失。因此,搞好入库验收工作,把好"收货关",可以为提高仓库保管质量打下良好的基础。广州本田关于冷凝器责任的划分如表5-1所示。

冷凝器到货验收责任的划分　　　表5-1

向运输商索赔	支架断裂	
	边缘变形	
	表面凹陷	

续上表

向广本索赔	内部变形(外包装无损)	
经销商承担	到货不验收,使用时才发现零件已变形损坏	

2. 入库验收的依据和要求

1)入库验收的依据

(1)根据入库凭证(含产品入库单、收料单、调拨单、退货通知单)规定的型号、品名、规格、产地、数量等各项内容进行验收。

(2)参照技术检验开箱的比例,结合实际情况,确定开箱验收的数量。

(3)根据国家对产品质量要求的标准,进行验收。

2)入库验收的要求

(1)及时。验收要及时,以便尽快建卡、立账、销售,这样就可以减少配件在库停留时间,缩短流转周期,加速资金周转,提高企业经济效益。

(2)准确。配件入库应根据入库单所列内容与实物逐项核对,对配件外观和包装认真检查,以保证入库配件数量准确,防止以少报多或张冠李戴的配件混进仓库。如发现有霉变、腐败、渗漏、虫蛀、鼠咬、变色、脏污和包装潮湿等异状的汽车配件,要查清原因,作出记录,及时处理,以免扩大损失,要严格实行一货一单制,按单收货、单货同行,防止无单进仓。

3. 入库验收的程序

入库验收,包括数量和质量两个方面的验收。数量验收是整个入库验收工作中的重要组成部分,是搞好保管工作的前提。库存配件的数量是否准确,在一定程度上与入库验收的准确程度是分不开的。配件在流转的各个环节,都存在质量验收问题。入库的质量验收,就是保管员利用自己掌握的技术和在实践中总结出来的经验,对入库配件的质量进行检查验收,入库程序如图5-1所示。

1)点收大件

仓库保管员接到进货员、技术检验人员或工厂送货人员送来的配件后,根据入库单所列的收货单位、品名、规格、型号、等级、产地、单价、数量等各项内容,逐项进行认真查对、验收,并根据入库配件的数量、性能、特点、形状、体积,安排适当货位,确定堆码方式。

2)核对包装

在点清大件的基础上,对包装物上的商品标志,与入库单进行核对。只有在实物、标志(图5-2)与入库凭证相符时,方能入库。同时,对包装物(图5-3)是否合乎保管、运输的要求进行检查验收,经过核对检查,如果发现票物不符或包装破损或异状时,应将其单独存放,并协助有关人员查明情况,妥善处理。

3)开箱点验

凡是出厂原包装的产品,一般开箱点验的数量为5%~10%。如果发现包装含量不符或外观质量有明显问题时,可以不受上述比例的限制,适当增加开箱检验的比例,直至全部开箱。新产品入库,亦不受比例限制。对数量不多而且价值很高的汽车配件、非生产厂原包装的或拼箱的汽车配件、国外进口汽车配件、包装损坏或异状的汽车配件、易损件(图5-4)等,必须全部开箱点验,并按入库单所列内容进行核对验收,同时还要查验合格证。经全部查验无误后,才能入库。

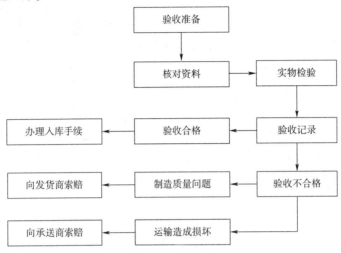

图5-1 入库程序

图5-2 本田配件标签
a)进口配件标签;b)国产配件标签

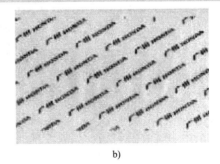

图5-3 广州本田配件的包装
a)外包装;b)内包装

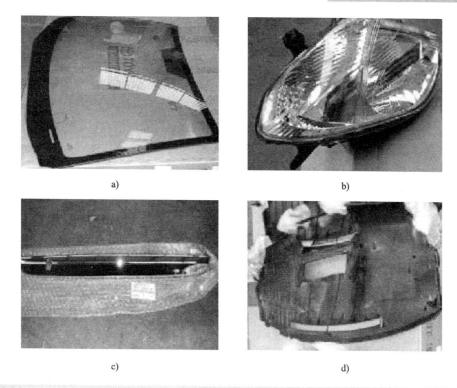

图 5-4 部分易损件
a) 玻璃；b) 灯具；c) 饰条；d) 塑胶制品

4) 过磅称重

凡是需要称重的物资，一律全部过磅称重，并要记好质量，以便计算、核对。

5) 归堆建卡

配件归堆，要根据性能特点，安排适当货位。归堆时一般按五五堆码原则，如图 5-5 所示，即按照五五成行、五五成垛、五五成层、五五成串、五五成捆的要求，排好垛底，并与前、后、左、右的垛堆保持适当的距离，批量大的，可以另设垛堆，但必须整数存放，标明数量，以便查对。建卡时，注明分堆寄存位置和数量，同时在分堆处建立分卡。

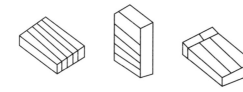

图 5-5 五五堆码

6) 上账退单

仓库账务管理人员，根据进货单和仓库保管员安排的库、架、排、号，以及签收的实收数量，逐笔逐项与财务部门核对，作为业务部门登录商品账和财务部门冲账的依据。

4. 入库验收中发现问题的处理

在汽车配件入库验收中发现的数量、质量或包装的问题都应按规定如实做好记录，交接

双方或有关人员签字后根据情况分别处理。

1) 单货不符或单证不全

(1) 汽车配件串库。汽车配件串库是指送往其他仓库的汽车配件混进本库而形成的单货不符。对此,应如实签收,将错送的汽车配件清出,当即退回;如是在签收后堆码、验收中发现串库汽车配件,应及时通知送货人办理退货手续,同时更正单据。

(2) 有货无单,指货物到库而随货同行凭证未到。对于这种情况,应安排场所暂时存放货物,及时联系,待单证到齐再点验入库。

(3) 有单无货。存货单位预先将入库单送来仓库,但经过一定时期,仍未来货,形成有单无货,应及时查明原因,将单退回注销。

(4) 货未到齐。由于运输途中甩货或批次转运混乱,造成同一批汽车配件不能同时到齐。对此,则应分单签收。

(5) 细数、规格不符。入库汽车配件在开箱、拆包验收中发现品名、规格、牌号、产地等与入库单所列不符,仓库应与存货单位联系或提出查询处理。

2) 质量问题

质量问题包括汽车配件异状、残损、变质等。在接货时发现的质量问题,应会同交通运输部门清查点验,并由运输部门编制商务记录或出具证明书,以便按章索赔。如确认责任不在运输部门,也应作出普通记录,以便作为向供货单位联系处理的依据。

3) 包装问题

在清点大数时发现包装有水渍、沾污、损坏、变形等情况,应会同送货人开包检查内部细数和质量,并由送货人出具入库汽车配件异状记录,或在送货单上注明,并同时通知保管员另行堆放。

4) 数量不符

数量不符是指汽车配件到库实数与随行单证上所列数量不一致,有件数不符和细数不符两种情况。件数不符,应由收货人在送货单各联上注明后按实签收,短少的品名、规格、数量,应通知运输人员及供货单位;细数不符是开包检验发现汽车配件的溢余短少或者规格不符,对此情况,应如实签收,注明情况,并通知发货方和业务单位。发生这种情况既不能做溢余处理,也不能以长补短,互相抵补,应填写残损短缺溢出记录,转发货方进行处理。

三、汽车配件仓库布置

1. 汽车配件仓库布置的要求

1) 要适应仓储企业生产流程,有利于仓储企业生产正常进行

(1) 单一的物流方向。仓库内商品的卸车、验收、存放地点之间的安排,必须适应仓储生产流程,按一个方向流动。

(2) 最短的运距。应尽量减少迂回运输,专运线的布置应在库区中部,并根据作业方式、仓储商品品种、地理条件等,合理安排库房、专运线与主干道的相对位置。

(3) 最少的装卸环节。减少在库商品的装卸搬运次数和环节,商品的卸车、验收、堆码作业最好一次完成。

(4)最大限度地利用空间。仓库总平面布置应是立体设计,以有利于商品的合理储存和充分利用库容。

2)有利于提高仓储经济效益

(1)要因地制宜。充分考虑地形、地质条件,满足商品运输和存放的要求,并能保证仓容充分利用。

(2)平面布置应与竖向布置相适应。所谓竖向布置是指建设场地平面布局中每个因素(如库房、货场、专运线、道路、排水、供电、站台等)在地面高程线上的相互位置。

(3)总平面布置应能充分、合理地利用我国目前普遍使用的门式、桥式起重机一类的固定设备,合理配置这类设备的数量和位置,并注意与其他设备的配套,以便于开展机械化作业。

3)有利于保证安全生产和文明生产

(1)库内各区域间、各建筑物间,应根据"建筑物设计防火规范"的有关规定,留有一定的防护间距,并有防火、防盗等安全设施,须经过消防部门和其他管理部门验收。

(2)总平面布置应符合卫生和环境要求,既满足库房的通风、日照等,又要考虑环境绿化、文明生产,以有利于保证职工的身体健康。

2. 汽车配件仓库的构成

1)仓库结构分类

(1)平房仓库。平房仓库一般构造简单、建筑费用低,适于人工操作,如图 5-6 所示。

(2)楼房仓库。楼房仓库是指两层楼以上的仓库,它可以减少占用面积,出入库作业则多采用机械化或半机械化作业。

(3)货架仓库(图 5-7)。采用钢结构货架储存货物,通过各种输送机、水平搬运车辆、叉车、堆垛机(图 5-8)进行机械化作业。按货架的层数又可分为低层货架仓库(货物堆放层数不大于 10 层)和高层货架仓库(货物堆放层数为 10 层以上)。

图 5-6 平房仓库

图 5-7 货架仓库

图 5-8 堆垛机

2) 仓库的空间布局

仓库的布局是指一个仓库的各个组成部分(如库房、货棚、货场、辅助建筑物、库内道路、附属固定设备等),在规定的范围内,进行平面和立体的全面合理安排。

3) 汽车配件仓库的构成

一个配件仓库通常由货架区(配件存储区)、卸货区和行政管理区三大部分组成,如图5-9所示。

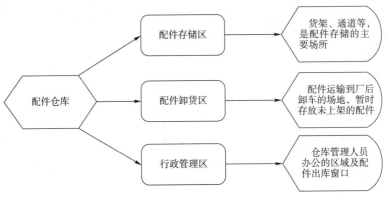

图5-9　汽车配件仓库结构

(1) 配件存储区。配件存储区是储存保管的场所,具体分为货架、主通道、货架间通道,如图5-10所示。

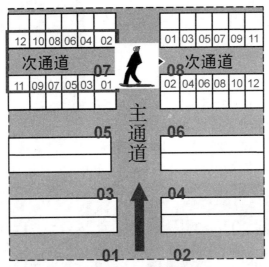

图5-10　汽车配件存储区

货架(图5-11)是汽车配件放置的基础设施,可存放配件,同时还起着配件的周转和调剂、出入库作业等作用。

仓库内至少设一个主通道(专运线),主通道能清楚地从一端看到另一端。如图5-12所示,主通道正对着仓库的大门,要保证 2m 的宽度,因为零部件的数量很多,进货与出货的时候,有可能需要利用叉车来进行运送,库房常用设备如图 5-13 所示,过道标牌如图 5-14 所示。

图 5-11 货架

图 5-12 主通道

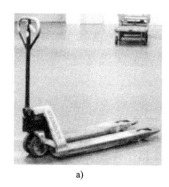
a)

b)

c)

图 5-13 库房常用设备
a)手动叉车;b)平板推车;c)可移动梯子

图 5-14 过道标牌(单位:mm)

在货架之间要设有货架间通道,也称辅助通道。货架间通道要保证 1.2m 的宽度。因为在配件入库与出库的时候,要用到手推车,其宽度要能够保证手推车足以在两货架之间掉头,如图 5-15 所示。

（2）配件卸货区。配件卸货区（图5-16）是供配件运输车辆装卸配件的场地，为利于仓储配件的入库，卸货区一般设在仓库大门的一侧，以便于运送配件的车辆停靠。卸货区要求有一定大小的空间，用于卸货而未入库上架前配件的暂时堆放，其高度和宽度应根据运输工具和作业方式而定。

图5-15　货架间通道

图5-16　配件卸货区

（3）行政管理区，是仓库行政管理机构区域。对于汽车配件存储仓库而言，行政区一般设在仓库与维修车间衔接的地方，是业务接洽和管理的办公区域及仓库对维修车间发货的窗口，主要设有仓库前台和配件管理主管办公室。

货架区（配件存储区）、卸货区和行政管理区在仓库中的合理设计，能有效地利用空间位置，为企业节约不必要的浪费，图5-17是常见的仓库平面设计图。

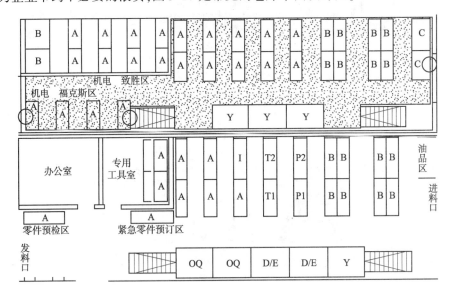

图5-17　仓库平面设计图

3. 汽车配件存储区的布局

汽车配件存储区的布局如表5-2所示。

汽车配件存储区的布局 表 5-2

名　称	图形示例	优　点	缺　点
横列式布局		整齐美观,查点、存取方便; 通风和自然采光良好; 便于机械化作业	主通道占地多,利用率低
纵列式布局		仓库面积利用率高	存取不便; 通风和自然采光不良
纵横式布局		综合利用横列式、纵列式两种布局的优点	
料垛倾斜式布局		叉车配合托盘作业,提高装卸搬运效率	造成死角,仓库面积不能充分利用
通道倾斜式布局		可以通过通道进行仓库分区,便于物品分类管理	仓库内布局较为复杂

4. 汽车配件的货位编号

1）汽车配件的货位编号的方法

汽车配件的货位编号常为四位，主要根据"区、列、架、层"的原则进行编排，如图 5-18 所示。

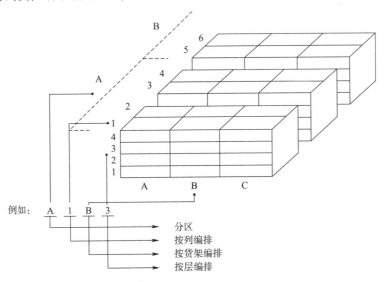

图 5-18　汽车配件的货位编号示意图

（1）首先按区分类：位置码的第一位是在仓库中的分区，用 A，B，C…表示。

（2）按列编排：位置码第二位表示第几列货架，用 1，2，3…表示。

（3）按货架号编排：位置码的第 3 位表示每列货架的第几个货架，用 A，B，C…表示，也可用 1，2，3…表示。

（4）按层编排：位置码的第 4 位表示是每个货架的第几层，用 1，2，3…表示。

（5）最后把所有配件的位置码在指定位置标注出来。

例：A03-C-24 的位置，如图 5-19 所示。

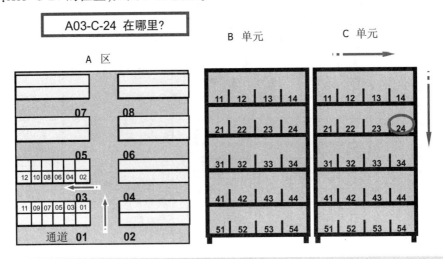

图 5-19　A03-C-24 的位置

2)汽车配件使用货位编号的原因

汽车配件在仓储中使用货位编号,而不用汽车零部件编号的原因如图5-20~图5-22所示。

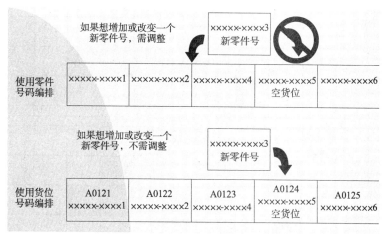

图5-20　便于增加新的汽车配件

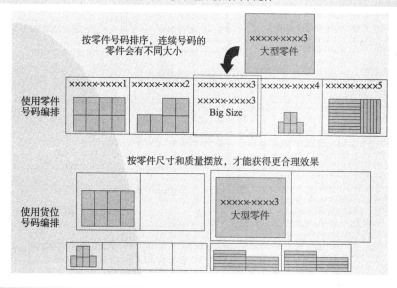

图5-21　便于合理放置汽车配件

3)货位编号的说明

(1)位置码中的数字最好通过英文字母分开书写,当26个英文字母不够用时,可将26个英文字母排列组合,以增加表示的范围,如:AA,AB,AC…;同一过道或同一货架,以下字母(Cc,Ii,Jj,Kk,Oo,Pp,Ss,Uu,Vv,Ww,Xx,Zz)不要同时使用,否则容易发生混淆。

(2)列号、货架号、层号的编排顺序一般有以下几种。

①列号编排的顺序:以仓库的入门处为三维坐标的原点,位置码的列号依次增大,可以方便查找。

②货架号编排的顺序:从左到右法(图5-23)和环形法(图5-24)。

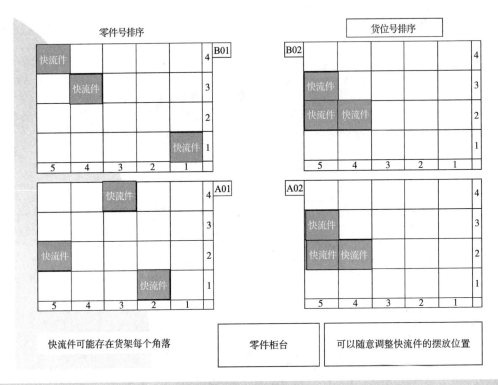

图 5-22 宜于快流件的存取

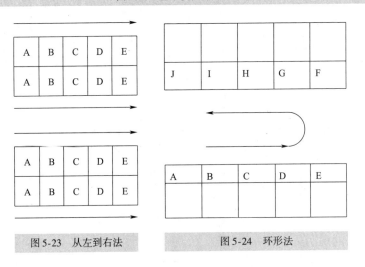

图 5-23 从左到右法　　图 5-24 环形法

5. 汽车配件的安全合理堆码

1）合理堆码的要求

仓库里的配件堆码必须贯彻"安全第一"的原则,在任何情况下,都要保证仓库、配件和人身的安全,同时还要做到文明生产,配件的陈列堆码一定要讲究美观整齐,具体要做到以下 6 点。

(1) 安全"五距",如表 5-3 所示。

安全"五距"　　　　　　　　　　　　　　　表5-3

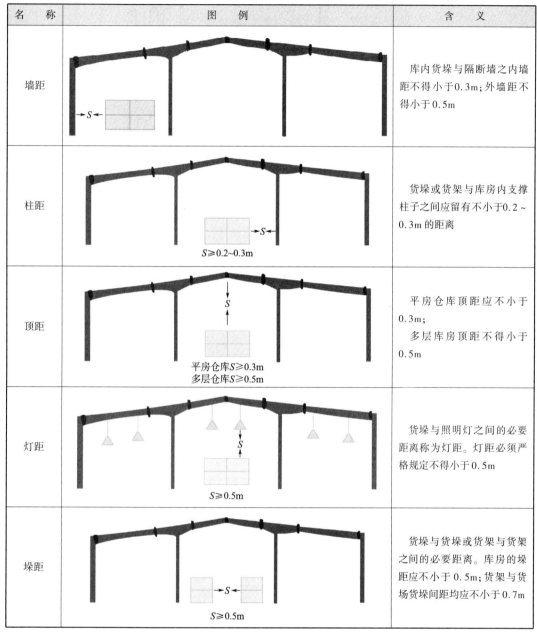

名　称	图　例	含　义
墙距		库内货垛与隔断墙之内墙距不得小于0.3m；外墙距不得小于0.5m
柱距	$S \geq 0.2 \sim 0.3m$	货垛或货架与库房内支撑柱子之间应留有不小于0.2~0.3m的距离
顶距	平房仓库$S \geq 0.3m$ 多层仓库$S \geq 0.5m$	平房仓库顶距应不小于0.3m； 多层库房顶距不得小于0.5m
灯距	$S \geq 0.5m$	货垛与照明灯之间的必要距离称为灯距。灯距必须严格规定不得小于0.5m
垛距	$S \geq 0.5m$	货垛与货垛或货架与货架之间的必要距离。库房的垛距应不小于0.5m；货架与货场货垛间距均应不小于0.7m

（2）实行定额管理。对于库房的储存量指标应有明确规定，实行定额管理，质量不得超过设计标准的90%，以保证库房建筑安全达到设计使用年限，同时也要保证每立方米空间的存放，以保证库存物资和人员的安全。

（3）堆码美观整齐。堆垛要稳，不偏不斜，不歪不侧，货垛货架排列有序，上下左右中摆放整齐，做到横看成行、竖看成线。有些零件，如车门、排气管等扁平或细长件宜竖直存放（图5-25），平放会导致下面的零件容易损坏、浪费空间。包装上有产品标志的，堆码时标志应一律朝外（图5-26），不得倒置。发现包装破损，应及时调换。

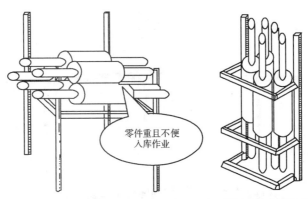

图 5-25　有些零件宜竖直存放

图 5-26　标签朝外

（4）质量轻、体积较大的配件应单独存放。堆码时要注意两点：第一，要适当控制堆码高度；第二，不要以重压轻，以防倾倒。对于易碎易变形的配件，更不可重压，以保证其安全。

（5）对于某些配件，需露天存放时，也要美观整齐，并且要做到上盖下垫，顶不漏雨，下不浸水，四周要通风，排水要良好。

（6）清理现场。每次发货后要及时清理现场，该拼堆的拼堆、该上架的上架，最后清扫干净。这样，一方面腾出了货位，以便再次进货，同时又保持了仓库的整洁美观，如图 5-27 所示。

a)

b)

图 5-27　清理现场与未清理现场的对比
a）未清理现场；b）清理现场

2)堆码的方法

(1)重叠法。按入库汽车配件批量,视地坪负荷能力与可利用高度,确定堆高层数,摆定底层汽车配件的件数,然后逐层重叠加高,如图5-28所示。上一层每件汽车配件直接置于下一层汽车配件之上并对齐。硬质整齐的汽车配件包装、长方形的包装和占用面积较大的钢板等均采用此法,垛体整齐,稳固,操作比较容易。但不能堆太高,尤其是孤立货垛应以单件为底,如直叠过高则易倒垛。

(2)压缝法。因长方形汽车配件包装的长度与宽度成一定比例,所以汽车配件每层应压缝堆码,即上一层汽车配件跨压下一层两件以上的汽车配件,下纵上横或上纵下横,货垛四边对齐,逐层堆高。用此法,每层汽车配件互相压缝,堆身稳固,整齐美观,又可按小组出货,操作方便、易于腾出整块可用空仓。每层和每小组等量,便于层批标量,易于核点数量,如图5-29所示。

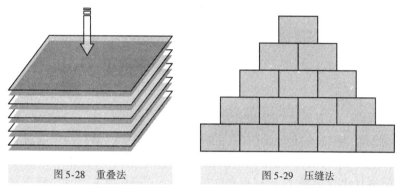

图5-28 重叠法　　　　　图5-29 压缝法

(3)牵制法。汽车配件包装不够平整,高低不一,堆码不整齐,可在上下层汽车配件间加垫,并加放木板条,使层层持平,防止倒垛。此法可与重叠法、压缝法配合使用。

(4)通风法。为便于汽车配件通风散潮,有的汽车配件的件与件不能紧靠,要前后左右都留一点空隙,宜采用堆通风垛的方法。其堆码方法多种多样,常见的有井字形、非字形、示字形、旋涡形等,如图5-30所示。需要通风散热、散潮,必须防霉及怕霉的汽车配件,常用此法。

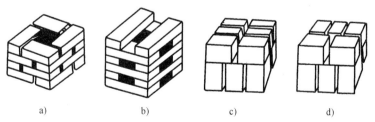

图5-30 通风堆垛法
a)漩涡形通风垛图;b)井字形通风垛图;c)非字形通风垛图;d)示字形通风垛图

桶装、听装的液体汽车零件,排列成前后两行,行与行、桶与桶之间都留空隙;堆高上层对下层可压缝,即上一件跨压在下两件"肩"部,以便于检查有无渗漏。

(5)行列法。零散小批量汽车配件,不能混进堆垛,应按行排列,不同汽车配件背靠背成两行,前后都面对走道,形成行列式堆码,可以避免堆死垛(堆放垛中无通道,存取不便)。

四、汽车配件仓库管理

汽车配件在入库之后、出库之前处于库房的保管阶段。配件的保管是配件仓库管理的中心环节。汽车配件保管，就是指在一定的仓库设施和设备条件下，为保持汽车配件的使用价值而进行的生产活动。在汽车配件储存期间，为了保证汽车配件的使用性能不丧失，必须存放在与其性能特点相一致的环境中；而在存放期间，外界的温度、湿度等因素每时每刻都在发生变化，这些变化都对保持汽车配件使用性能不利，如库房过于潮湿则非常容易引起钢铁制品的配件生锈。因此为了减少库房的配件损耗，就必须对存放的配件进行妥善的保管和维护。

(一)实行汽车配件的条理化管理

库房对汽车配件进行科学合理的管理和存放的最重要方法就是对汽车配件实行分区、分类和定位存放。

1. 分区分类的方法

1) 按品种系列分库

按品种系列分库，就是所有汽车配件，不分车型，一律按部、系、品种顺序，分系列集中存放，如图 5-31 所示。例如，储存发动机配件的库叫作发动机库，储存通用电器的库叫作通用电器库。凡是品名相同的配件，不管是什么车型，都放在一个库内，这种管理方式的优点是仓容利用率高，而且比较美观，便于根据仓库的结构适当安排储存品种。缺点是顾客提货不太方便，特别是零星用户提少量几件货，也要跑几个库。再就是保管员在收发货时，容易发生差错。

图 5-31 按品种系列分库

2) 按车型系列分库

按车型系列分库，就是按所属的不同车型分库存放配件，如图 5-32 所示。例如，丰田、奔驰、长安、大众等车型的配件，分别设丰田汽车配件库、奔驰汽车配件库、长安汽车配件库、大众汽车配件库等。这样存放，顾客提货比较方便，又可以减少保管员收发货的差错。缺点是仓容利用率较低，对保管员的业务技术水平的要求也较高。

图 5-32　按车型系列分库

3）按经营单位分库

在一个库区内同时储存属两个以上经营单位的配件时,也可以按经营单位设专库储存。

以上几种配件存储分类的管理办法,要根据各个单位保管员的专业知识水平、仓库设备、库存配件流量等具体情况进行适当选择。但是,不管选择哪一种管理办法,当仓库储存的物资和保管员一经确定,就要相对稳定,一般不宜随意变更,以便仓库根据储存物资的性能、特点,配备必要的专用设备(含专用货架、格架、开箱工具、吊装设备等),以适应仓库生产作业的需要。

不论是按部、系、品种系列,还是按车型系列,或是按单位设专库储存,统统都要建卡和立账,要与存货单位的分类立账结合起来,这样便于工作联系和清仓盘存,也有利于提高工作效率。而且在建卡立账时,还要和业务部门的商品账结合,实行对口管理,以便核对、盘存和相互沟通。

分库储存中,凡是大件重件(含驾驶室、车身、发动机、前后桥、大梁等)都要统一集中储存,以便充分发挥仓库各种专用设备,特别是机械吊装设备的作用。

2. 汽车配件仓储管理七原则

1）相似零件摆放在一起

相似零件摆放在一起能够提供安全的工作环境;便于掌控库房零件,促进优化库存结构;减少入库出库时间,提高工作效率;提高库房空间利用率。相关优点,如图 5-33 所示。

在把相似零件摆放在一起的时候,要注意以下两点。

(1)进行形状相同零件的摆放时,要考虑零件的大小和形状,很多零件不是单个摆放,而是很多零件堆放在一起,如图 5-34 所示。

(2)不同尺寸零件、不同流动性零件的存放位置若没有进行整体规划,会造成出入库效率降低。常流动件应存放于靠近作业的货位,以缩短出入库作业路线,且存放在易于取放的位置可提高工作效率。

2）竖直放置

竖直放置可以充分利用仓库空间,避免由于堆放造成的零件损坏,如图 5-35 所示。

在把汽车配件竖直放置的时候,应注意以下两点。

(1)刮水器片、车身饰条、传动带等零件平放在货架上,浪费存储空间,建议利用挂网悬

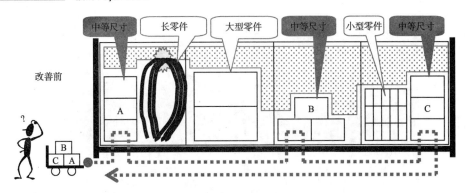

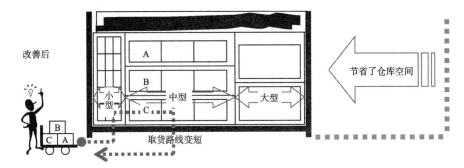

图 5-33　相似零件摆放在一起的优点

图 5-34　不规则配件的摆放

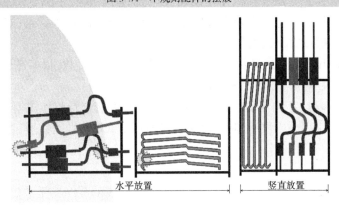

图 5-35　竖直放置的优点

挂此类型零件,如图5-36所示。

(2)大型细长零件摆放方式不当则存在安全隐患,应注意固定零件,同时避免零件损伤,如图5-37所示。

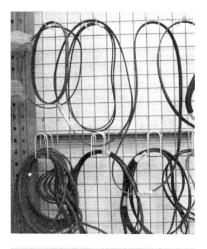

图5-36 挂网放置汽车配件

图5-37 竖直放置实例

3)伸手可及

这是从方便作业、提高工作效率角度考虑的。如果零件存放在过高的地方,在提取及上架时不得不使用梯子,就会造成作业不方便、效率低下。所以,应该将零件存放在手能达到的位置,如图5-38所示。

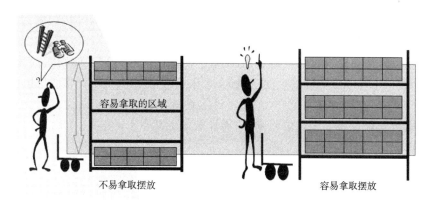

图5-38 伸手可及的优点

在将汽车配件放在伸手可及的位置时,要注意以下两点。

(1)流动性高的零件应摆放在货架中上层(伸手可得的位置)。

(2)降低部分货架高度,以便提高工作效率。

4)重物下置

重物下置是从出入库作业的安全性和高效率方面来考虑的。有些像半轴、缸体、轮毂等重零件如存放在货架上方会产生如下问题。

(1)重零件有落下伤人及损坏的危险,如图5-39所示。
(2)上架、提取不便。

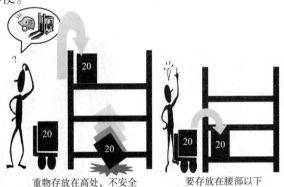

图5-39 重物下置的优点

5)一个汽车配件号一个货位(图5-40)

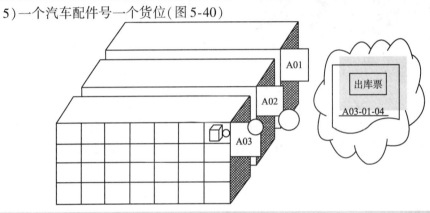

图5-40 一个汽车配件号一个货位

一个汽车配件号一个货位可以避免入库和出库操作错误,提高工作效率;货位编号的位数少,更易辨别(图5-41);空货位更便于及时利用;即使操作人员不懂零件,也可以简单完成出入库操作。

应用一个汽车配件号一个货位原则时,需注意以下几点。

(1)货位号不应该用零件号代替。
(2)一个货位不应该存放几种零件。
(3)货位没有货位号码。
(4)货位管理没有问题,但电脑系统没有记录零件存放位置。
(5)大型零件堆放在一起,没有区分不同零件的货位。
(6)特别订货区域,零件混放,很难区分。

6)数量异常管理

目视化管理数量异常货位,可以及时发现异常零件,避免库存积压,错误的放置方法如图5-42所示,正确的放置方法如图5-43所示。

7)按周转速度存放

按周转速度存放可以提高出库效率,并且能更便捷地管理快流件,如图5-44所示。

图 5-41　货位编号位数少的优点

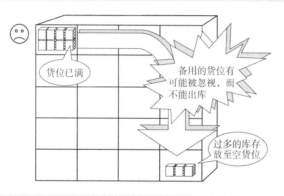

图 5-42　数量异常错误的放置方法

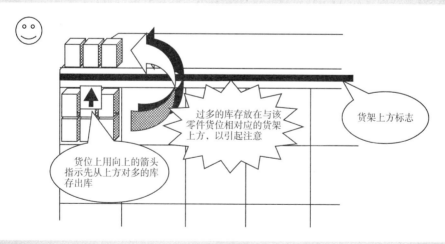

图 5-43　数量异常正确的放置方法

3. 库存汽车配件数量的管理

对库存汽车配件进行记录统计,准确计算和按期清点、核实数量等一系列的工作,称为库存汽车配件数量管理。

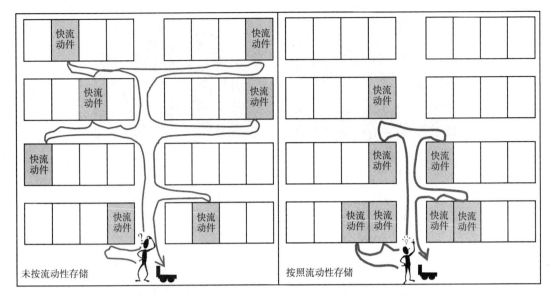

图 5-44 按周转速度存放的优点

1）库存汽车配件实物数量

汽车配件堆放时，要实行分批堆垛、层批清楚。货垛标量常见的有以下几种方法。

(1) 分层标量法。对于垛型规范、层次清楚、各层件数相等的货垛，在完成堆码后，即可分层标量。这种标量法可以过目知数，分层出库后便于核对结存数，盘点对账也非常方便。

(2) 分批标量法。在分层标量的基础上，为了使货垛标量适应出、拆垛的需要，可采取大垛分小批的排码方法，分别以小批为单位进行标量，这就是分批标量法。例如，有某汽车配件 210 件，堆 7 层高，需要打 30 个底，则可将 30 个底在同一个货位分成 3 个小批垛，每批 10 个底，垛码好后，再进行分批标量。这样就缩小了计数范围，清点也方便。在分批出库后不必调整标量数，盘点时，以未出库的小批垛为基数，再加上已出库的小批垛的余数，即得总件数。

(3) 托盘堆码标量法。托盘堆码应实行逐盘定额装载，标量时应以托盘为单位，从下到上、由里向外逐盘累加标量，边堆码边标量。

2）汽车配件保管卡

(1) 汽车配件保管卡的种类。汽车配件保管卡是根据各仓库的业务需要而制定的。常见的有以下两种形式。

① 多栏式保管卡。这种保管卡适用于同一种汽车配件分别存放在几个地方时使用，如图 5-45 所示。

② 货垛卡片，如图 5-46 所示。

(2) 汽车配件保管卡的管理。汽车配件保管卡的管理有集中管理与分散管理两种。前一种的优点是：保管员能随时掌握汽车配件全面情况，做到心中有数，便于记账，节省时间，避免卡片丢失、漏记、错记。缺点是汽车配件货架上缺乏标志，容易发生收发货差错。后一种的优点是：发货时单、卡、货核对方便，便于复核和盘点。其缺点是容易丢失，记卡不便，容易漏记、错记。

汽车配件保管卡片

每 件	长×宽×高 m³	货号：_____
每件容量	质量	品名：_____
单位毛重	kg	规格：_____

存货单位：_____   计租等级：_____   产地：_____   单位：_____

年		凭证号码		摘要	收入数量	付出数量	结存数量	堆 存 地 点							折合质量
月	日	字	号												
			过次页												

图 5-45　汽车配件保管卡

货卡（　）

货主单位：_____   货位：_____

货 号			品 名		规 格					
细 数			色 别		生产厂					
年		单据号码	进 仓	出 仓	结 存	总 垛 货 位		分垛1 货 位	分垛2 货 位	分垛3 货 位
月	日									

图 5-46　货垛卡片

3）汽车配件保管账

汽车配件保管账的内容包括品名、编号、规格、等级、出入库日期、数量、结存数计量单位等，具体格式如图 5-47 所示。保管账设置时，以保管组或仓间为单位建账，设专人记账。记账时，严格以凭证为依据，按顺序记录库存汽车配件的进、出、存情况；按规定记账，坚持日账日清，注销提单，按日分户装订，分清账页，定期或按月分户排列，装订成册。汽车配件账册注意保密，非经正式手续，外来人员不准翻阅。各类单证销毁，需先报经批准。为保证账货相符，在管理中必须注意：一个仓库内，并垛数量不宜过大，分垛不宜太多；分垛汽车配件不宜跨仓、跨场；汽车配件移仓，应及时记录，尤其是跨仓间的移仓汽车配件，应通知账务员办好转账手续，抽移账页。

4. 用条形码管理汽车配件

要维持一个仓库的正常功能，就要处理物料入库、出库、统计、盘点、收集订单、交货、验货、填写发货单、签发收据等事宜。这些工作反复涉及库存货物、进货货物的品名、规格型号、产地、单价、批发价等参数。如果货物上都标注条形码标签，则可避免仓库管理人员反复抄写上述项目。进货、发货时，工作人员只需利用便携式条形码阅读器光笔读入货物包装上的条形码信息,然后通过条形码命令数据卡输入相应数值和进货或发货命令,计算机就可打印出相应单据。通过与主计算机联系,主计算机即可自动结算货款、自动盘货。

汽车配件体积: m³			汽车配件保管账					品名:					
换算质量: 包装数:			计量单位:___ 进货单价:___					类种品:					
								规格: 等级:					

年	凭证号码	摘要	出入库单位名称	入库		出库		结存						合计		货位编号
月 日				件数	数量	件数	数量	件数	数量	件数	数量	件数	数量	件数	数量	

图 5-47 汽车配件保管账

1) 条形码的结构

条形代码由黑色条符和白色条符根据特定的规则组成,如图 5-48 所示。黑白条符的不同排列方法构成不同的图案,从而代表不同的字母、数字和其他人们熟悉的各种符号。一个完整的条形码信息由多个条形代码组成。由于整条信息中的黑白条符交替整齐地排列成栅栏状,人的眼睛不易区别其中单一字符的条形代码,要利用电子技术来识别。

图 5-48 条形代码

2) 条形码信息的阅读

在仓库汽车配件条形码管理中,一般采用便携式条形码阅读器阅读汽车配件条形码信息,如图 5-49 所示。

便携式条形码阅读器一般配接光笔式或轻便的枪型条形码扫描器。便携式条形码阅读器本身就是一台专用计算机,有的甚至就是一部通用微型计算机。这种阅读器本身具有对条形码扫描信号的译解能力,条形码内容译解后,可直接存入机器内存或机内磁带存储器的磁带中。阅读器本身具有与计算机主机通信的能力。通常,它本身带有显示屏、键盘、条形码识别结果声响指示及用户编程功能。使用时,这种阅读器可与计算机主机分别安装在两个地点,通过线路连成网络,也可脱机使用,利用电池供电,特别适用于流动性数据采集环境。收集到的数据可定时送到主机内存储。有些场合，标有条形码信息或代号的载体体积大，较笨重，不适合搬运到同一数据采集中心处理，这种情况下，使用便携式条形码阅读处理器十分方便。

（二）特殊汽车配件的分类存放

1. 玻璃制品配件

由于玻璃制品配件自重小，属轻泡物资，不能碰撞和重压，否则将发生破碎，使这些配件的工作性能丧失，故应设立专用仓库储存，而且在堆垛时应十分注意配件的安全，如图5-50所示。

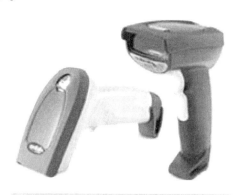
图5-49　便携式条形码阅读器

图5-50　玻璃制品配件的摆放方式

2. 塑料油箱

为减轻汽车整车整备质量，越来越多的车型采用塑料油箱。塑料油箱在存放过程中有两个方面值得注意。

（1）因为塑料易变形，应将有塑料螺纹安装孔（例如燃油浮子的安装孔）的塑料盖子盖上并拧好，防止长时间储存变形后盖子拧不上，或者拧上后密封不好而发生燃油泄漏事故。

（2）所有的孔都应盖上防尘盖，以防灰尘杂质进入油箱。因为塑料油箱上没有放油螺塞，一旦带有灰尘杂质的油箱装上车后，只有将油箱拆下来清洗，才能将杂质排出来。

3. 不能沾油的汽车配件（图5-51）

（1）橡胶制品配件。轮胎、水管接头、V带等橡胶制品怕沾柴油、黄油，尤其怕沾汽油，若常与这些油类接触，就会使橡胶配件膨胀，加速老化，很快损坏报废。

风扇传动带、发电机传动带沾上油，就会引起打滑，影响冷却和发电。

干式离合器的各个摩擦片应保持清洁干燥，若沾上油就会打滑。同样，制动器的制动摩擦片如沾上油，则会影响制动效果。

此外，对于橡胶制品，特别是火补胶，应在环境温度不超过25℃的专用仓库内储存，以防老化，保证安全。

另外，为防止轮胎受压变形，也需要专门货架保管，这种货架有固定的，也有可以拆装的，如图5-52所示。

（2）其他不能沾油的配件。干式纸质空气滤清器滤芯不能沾油，否则灰尘、砂土黏附在上面,会将滤芯糊住,这样会增大汽缸进气阻力,使汽缸充气不足,影响发动机功率的发挥。

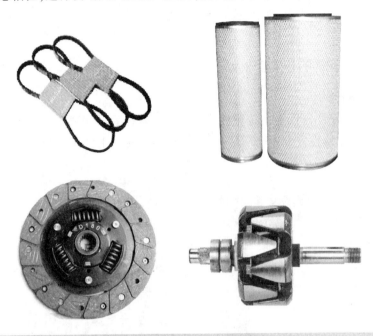

图 5-51　部分不能沾油的汽车配件

发电机、起动机的炭刷和转子沾上黄油、机油,会造成电路断路,使工作不正常,甚至致使汽车不能起动。

散热器沾上机油、黄油后,尘砂黏附其上,不易脱落,会影响散热效果。

4. 减振器

减振器在车上承受垂直载荷,若长时间水平旋转会使减振器失效,因此,存放减振器时要将其竖直放置,如图 5-53 所示。水平放置的减振器在装上汽车之前,要在垂直方向上进行几次手动抽吸。

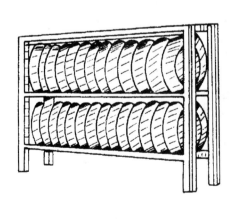

图 5-52　轮胎货架

图 5-53　减振器的放置

5. 爆震传感器

爆震传感器受到重击或从高处跌落后就会损坏,为防止取放配件时失手跌落而损坏,爆震传感器不应放在货架或货柜的上层,而应放在底层,且应分格存放,每格一个,下面还要铺上海绵等软物。

6. 预防霉变的配件

对于软木纸、毛毡制油封及丝绒或呢制门窗嵌条一类储存期超过半年以上的配件,除应保持储存场地干燥外,在毛毡油封或呢槽包装箱内,应放置樟脑丸,以防止霉变及虫蛀。

(三)汽车配件的维护

汽车配件的维护,是指汽车配件在储存过程中,库房管理人员定期或不定期地对其进行维护的工作。配件维护是防止配件质量变化的重要举措,是库房保管中一项经常性的工作。汽车零配件中的许多部件在储存过程中如果不注意维护工作,很难保证它良好的品质。例如,钢铁制品的配件在潮湿的环境中非常容易生锈,必须定期检查,发现配件表面存在锈斑时应该及时采取适当的防锈措施。汽车配件维护必须采取"以防为主、防治结合"的方针,做到防得早、防得细,尽量使汽车配件不发生质量变化。

1. 汽车配件的维护

汽车配件绝大多数系金属制品,大量的储存质量问题表现为生锈和磕碰伤;少数表现为破损;橡胶制品则表现为老化和变形(失圆、翘曲);铸件和玻璃制品表现为破损;毡呢制品表现为发霉虫蛀;电器配件表现为技术性能失准或失效等。其维护方法如下。

1)生锈和磕碰伤的维护

大量的事例常见于各种连接销和齿轮及轴类配件,如活塞销、转向节主销、气门、气门挺杆、推杆、摇臂轴、曲轴、凸轮轴等。特点是这些配件都有经过精加工的磨光配合工作面,如发生生锈、磕碰伤,轻微的可以用机械抛光或用"00"号砂纸轻轻打磨的方法予以去除,然后重新涂油防护。对于严重而影响使用质量的,其中,若有较大尺寸余量的,可磨小一级予以修正;若已经是标准尺寸或已是最小维修尺寸的,只能报废;有的则需要进行修复并降价处理,例如曲轴和其他一般轴类可用喷焊或镀铬后再磨光。但在加工成本过高、货源又较充沛的情况下,这类配件不受用户欢迎,往往也只得报废。又如变速齿轮及具有花键的轴,如啮合工作面锈蚀严重,虽经除锈,但仍容易造成应力集中,在一定程度上削弱其使用质量和寿命,故生锈轻者可降价销售,重者则报废,具体处理方式视锈蚀程度及需求情况而定。

2)配件的铸锻毛坯的清洁、维护

配件的铸锻毛坯面往往由于清砂或清洗不净,残留氧化皮或热处理残渣,虽然经过涂漆或蜡封,但在储存中仍旧极易生锈甚至会大块剥蚀。针对这种情况,必须彻底加以清除和清洗干净,然后重新涂漆或蜡封,且需视其外观质量及影响使用质量的程度,按质论价。

3)电器、仪表配件的维护

电器、仪表配件往往由于振动、受潮而使绝缘介电强度遭到破坏,造成触点氧化,气隙变动,接触电阻增大等故障,致使工作性能失控或失准。这时必须进行烘干、擦洗(接触件)调整并进行重新校验,以恢复其工作性能。某些电器、仪表的锌合金构件,往往因氧化变质而造成早期损坏,必须进行修理、校准,严重时只得报废。

4)蓄电池和蓄电池阴阳极板的维护

蓄电池和蓄电池阴阳极板往往由于包装不善或未注意防潮,短期内便造成极板的氧化发黄,较长时间后则会造成极板的硫酸铅化,使其电化学性能明显下降,甚至无法恢复,故在储存中必须注意防护。

5)铸铁或球铁配件的维护

由铸铁或球铁制成的配件,如制动毂、缸体、缸盖、汽缸套筒、起动机、发电机端盖等,易在搬运中磕碰而造成破裂或缺损,一旦损坏,除端盖可以更换外,其他则无法修复,只能报废。因此,在储存中应注意防护,防止磕碰。

6)玻璃制品、橡胶配件、石棉制品的维护

玻璃制品的破损,橡胶配件的老化,石棉制品的损伤裂缺,都无法进行修补。因此,在储存中应注意防护。

2. 汽车配件的防锈

1)汽车配件的防锈工艺类型

汽车配件中金属制品所占比重较大,而不同金属配件(分黑色金属和有色金属)的材料、体形结构、单件质量、制造精度、工作性能等又有很大的差异,故必须根据不同配件的具体情况选择不同的防锈材料和工艺,其防锈工艺大致可分为以下几种。

(1)涂防锈油。应用这种防锈方式的为制造精度和工作质量要求较高,结构复杂或工作表面粗糙度要求在 $R_a 1.6 \mu m$ 以上,并要求易于清洗的配件,如汽缸盖、汽缸体、汽缸套、连杆、活塞、活塞销、十字轴、转向节主销等。

(2)涂防锈脂。应用这种防锈方式的为结构虽较单一,但体形较大或较重的配件,如曲轴、凸轮轴、变速齿轮及轴、传动或变速连接凸缘叉、轴头等。

(3)可剥性塑料胶囊。应用这种防锈方式的为精密偶件,如喷油泵柱塞副和喷油嘴等。

(4)涂漆或喷漆。应用这种防锈方式的为要求外观光洁的配件,如灯具、机油及空气滤清器、钢板弹簧、减振器等。

(5)镀锌、镀锡和阳极氧化。应用这种防锈方式的为电器零件、活塞、水泵轴、轮胎螺钉等。

2)金属配件的防锈油脂

金属配件的防锈油脂是以矿物油等为基材,加入防锈剂及辅助添加剂配制成具有一定防锈效果的油脂状防锈材料。涂刷、清洗都较方便,价格低廉,来源比较充足,因此在配件生产工序及储存中大量被采用。根据配件的不同特性和储存要求,需采用不同类型的防锈油脂。常用防锈油脂大致有以下几类。

(1)置换型防锈油。其种类和应用范围见表5-4。

置换型防锈油 表5-4

品　　名	应 用 范 围
231防锈油(上海石油加工厂)	用于黑色金属防锈或稀释后作工序间防锈
72-1置换型防锈油(苏州炭黑厂)	用于多种金属组合件的长期封存防锈

(2)溶剂型防锈油。溶剂型防锈油含有溶剂、油脂或成膜材料。冷涂后,待溶剂挥发后

便形成一层均匀的保护油膜。但油中溶剂易燃,需注意防火,具体实例见表5-5。

溶剂型防锈油　　　　　　　　　　　　　　表5-5

品　　名	应用范围
2号溶液稀释型防锈油(营口市润滑油脂厂)	室外短期或室内长期防锈
软膜薄层防锈油(苏州炭黑厂)	室内长期封存
硬膜薄层防锈油(苏州炭黑厂)	长期封存
3号溶液稀释型防锈油(南充炼油厂)	室内封存

(3)防锈脂。防锈脂以矿物油为基材,加入防锈添加剂调制成的膏状油脂,通过加热或以溶剂稀释后涂刷或浸渍,但应防止加温过热变质。具体实例见表5-6。

防　锈　脂　　　　　　　　　　　　　　表5-6

品　　名	应用范围
201防锈脂(上海石油加工厂)	室内防锈封存
薄层防锈脂(苏州炭黑厂)	用于机床和金属制品长期封存,对铸铁、铜有效
70-1级防锈脂(营口市润滑油脂厂)	室内防锈封存
501防锈脂(杭州炼油厂)	室内封存
30号石油防锈脂(南充炼油厂)	机器设备零件室内仓库长期封存

(4)防锈润滑两用油脂。防锈润滑两用油脂由中黏度润滑油或润滑油脂中加适量的防锈添加剂而制成,具有较好的防锈润滑性能。具体实例见表5-7所示。

防锈润滑两用油脂　　　　　　　　　　　　表5-7

品　　名	应用范围	品　　名	应用范围
1号防锈油	活塞或发动机用	防锈锂基脂	轴承防锈封存
内燃机防锈油	内燃机防锈油,仅作为封存用	BM-7(南充炼油厂)	外部封存长期防锈

3)金属配件的气相缓蚀剂

气相缓蚀剂在常温条件下,能缓慢地挥发成气体,充满配件包装物的密闭空间,对金属起防锈作用,启封方便。其作用特点是因它的挥发气体无孔不入,保护比较完全,产品清洁美观,无油腻感,对忌油材料(如电器配件等)也适用,所以使用更为方便。

(1)气相缓蚀剂的分类。气相缓蚀剂分为有机化合物(有机胺、有机酸的复合物)和无机化合物(无机酸的铵盐)两类。对黑色金属而言,无机酸铵盐的碳酸铵、磷酸氢二铵、碳酸氢钠等成分很有效。

(2)气相缓蚀剂的使用方法。气相缓蚀剂的使用方法有粉末法和溶液法两种。前者以粉末装入纸袋、布袋并悬于包装箱、盒的适当位置,一般适用于大型部件,如发动机总成等。后者则将缓蚀剂溶于水或有机溶剂内,然后浸涂于金属表面,外用苯甲酸钠防锈蜡纸包装,并用聚乙烯薄膜塑料袋密封,这种方法适用于湿度较高的环境。气相缓蚀剂的配制和气相缓蚀剂与各种密封材料配合使用的防锈有效期见表5-8和表5-9。

气相缓蚀剂的配置和使用方法　　　　　　　　　　　　　　　　　　　表 5-8

名称或配方编号	使 用 方 法	使 用 范 围
防锈剂	使用量：至少 50g/m³	用于黑色金属长期防锈
2 号防锈纸（武汉防锈纸厂）	纸上含量为 60g/m³，用于包装配件	用于工具、轴承和汽车配件的封存
6091 防锈纸（上海复写纸厂）	涂布于纸上，稍晾干后包装，或可定期做喷淋防锈	用于黑色金属大小机件、工量具、轴承、汽车配件等的防锈，有效期为 2 年

各种密封包装材料的防锈有效期　　　　　　　　　　　　　　　　　　　表 5-9

封 存 保 养	防锈期（月）	
	室内 13～21℃，风速 1.6km/h	室外（遮蔽）4～21℃，风速 5～18km/h
牛皮纸	10～14	
浸蜡牛皮纸	24～48	12～18
沥青纸	24～60	12～30
硬纸板	12～16	8～12
上蜡硬纸板	24～60	15～24
重磅牛皮纸	15～24	3～15
塑料膜	60～120	90～120
箔	75～120	90～120

（3）气相缓蚀剂使用中的注意事项。由于气相缓蚀剂成分有毒，因此在使用时，必须注意以下几点。

①操作车间内要注意防止气相缓蚀剂浓度过高。

②包装必须密封。

③配件必须清洗干净，避免接触手汗。

④有许多气相缓蚀剂对有色金属有腐蚀性，使用前要经过试验，再扩大使用。

⑤气相防锈液应随用随配制，短期使用时可储存在棕色瓶中以防氧化。

⑥多数气相缓蚀剂对光和热的稳定性较差，使用时须避免高温（>60℃）和阳光直射。

4）可剥性塑料

可剥性塑料是以塑料成膜加防锈添加剂、稳定剂、防霉剂、矿物油等混合而成，分热熔型和溶剂型两类，其防锈效果好，配件不易碰伤，启封方便。其中，热熔性可剥性塑料由乙基纤维素、醋酸丁酸纤维素为主要成膜物质，加热温度为 110～190℃，成膜厚 1.2～2.5mm，防锈期可达 5～10 年，启封剥下后仍可熔化再用。成膜方法有浸、刷、喷涂。

3. 汽车配件的清洗

1）汽车配件的清洗方法

（1）金属零件的清洗方法包括冷洗法和热洗法。冷洗法是将零件放入盛有煤油或汽油的盆里清洗干净并吹干。热洗法是将苛性钠溶液加热至 70～90℃后，将零件放入煮 10～15min，取出后用清水冲净并吹干。铝合金零件不能用苛性钠溶液清洗，应选用碳酸钠溶液。

(2) 非金属零件。橡胶零件应用酒精或制动液清洗,皮质零件(如油封的皮圈)用干布擦拭。

(3) 电器零件。电器零件只能用汽油擦拭,不能用煤油、柴油或金属清洗剂清洗。

2) 常用清洗液

产品表面的污物分水溶性和非水溶性两类。前者包括冷却液、手汗、酸碱盐等;后者包括切削油、研磨膏、油脂等。水溶性污物可用碱性溶液清洗,非水溶性污物一般可用石油溶剂清洗。

(1) 碱性清洗液。碱性清洗液对轻度的油污清洗有效,主要包括氢氧化钠、碳酸钠、磷酸三钠、硅酸钠等。如需提高清洗油污效果,可加入少量的表面活性剂。

(2) 石油溶剂清洗液。石油溶剂清洗液是机械产品的常用清洗液,但其易燃、易挥发,使用时必须注意安全。石油溶剂清洗液主要有以下几种。

① 汽油。常用的为工业汽油或 200 号溶剂油。

② 煤油。用于几何形状较为简单的钢铁制的配件。

③ 添加防锈剂的汽油或煤油。这种清洗液可以防止纯汽油、煤油因挥发而应被清洗金属表面形成凝聚水珠,避免生锈隐患。添加的防锈剂一般为 204-1 防锈油,加入量为总量的 2%~3%。

五、汽车配件出库程序

1. 出库的程序(图 5-54)

1) 核对单据

业务部门开出的供应单据(包括供应发票,转仓单,商品更正通知单,补发、调换、退货通知单等),是仓库发货、换货的合法依据。保管员接到取货(表 5-10)或换货单据后,先核对单据内容、收款印戳,然后备货或换货。如发现问题,应及时与有关部门联系解决,在问题未弄清前,不能发货。

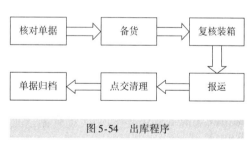

图 5-54 出库程序

零 件 取 货 单 表 5-10

××××汽车服务有限公司
零件取货单(修理部)

操 作 卡＿＿＿＿＿＿＿
车　　牌＿＿＿＿＿＿＿　　　　　　发票凭单
挂账户口＿＿＿＿＿＿＿　　　　　　开单日期＿＿＿＿年＿＿月＿＿日

数量	车系	零件编号	名称	仓位	单价	提货数量	金额

营业员＿＿＿＿　　仓务员＿＿＿＿　　领料＿＿＿＿　　合计金额＿＿＿＿

2)备货

备货前应将供应单据与卡片、实物核对,核对无误,方可备货。备货有两种形式:一种是将配件发到理货区,按收货单位分别存放并堆码整齐,以便复点;第二种是外运的大批量发货,为了节省人力,可以在原垛就地发货,但必须在单据上注明件数和尾数的颜色。无论采用哪种形式,都应及时记卡、记账,核对结存实物,以保证账、卡、物三相符。

3)复核、装箱

备货后一定要认真复核,复核无误后,用户自提的可以当面点交,属于外运的可以装箱发运。在复核中,要按照单据内容逐项核对,然后将单据的随货同行联和配件一起装箱。如果是拼箱发运的,应在单据的仓库联上注明,如果编有箱号,应注明拼在几号箱内,以备查考。无论是整箱或拼箱,都要在箱外写上运输标志,以防止在运输途中发错到站。

4)报运

配件经过复核、装箱、查号码后,要及时过磅称重,然后按照装箱单的内容逐项填写清楚,报送运输部门,向承运单位申请准运手续。

5)点交和清理

运输部门凭装箱单到仓库提货时,保管员先审查单据内容、印章及经手人签字等,然后按单据内容如数点交。点交完毕后,随即清理现场,整理货位,腾出空位,以备再用。用户自提的一般不需备货,随到随发,按提货内容当面点交,并随时结清,做到卡物相符。

6)单据归档

发货完毕后,应及时将提货单据(盖有提货印章的装箱单)归档,并按照其时间顺序分月装订,妥善保管,以备查考。

2. 出库的要求

1)凭单发货

仓库保管员要凭业务部门的供应单据发货,但如果单据内容有误、填写不合规定、手续不完备时,保管员可以拒绝发货。

2)先进先出

保管员一定要坚持"先进先出、出陈储新"的原则,以免造成配件积压时间过长而变质报废。因为汽车更新换代很快,配件制造工艺也在不断地更新,如果积压时间过长,很可能因为淘汰老、旧产品而报废。按照一定的顺序摆放零件,如图5-55所示。

3)及时准确

一般大批量发货不超过两天。少量货物,随到随发。凡是注明发快件的,要在装箱单上注明"快件"字样。发出配件车型、品种、规格、数量、产地、单价等,都要符合单据内容。因此,出库前的复核一定要细致,过磅称重也要准确,以免因超重发生事故。

4)包装完好

配件从仓库到用户,中间要经过数次装卸、运输。因此,一定要保证包装完好,避免在运输途中造成损失。

5)代运配件

配件在未离库前的待运阶段,要注意安全管理。例如,忌潮的配件要加垫,怕晒的配件要放在避光通风处。总之,配件在没离开仓库之前,保管员仍然要保证其安全。

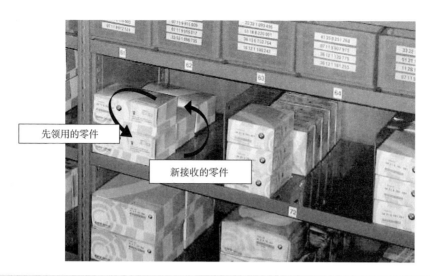

图 5-55　按照一定的顺序摆放零件

3. 发货的复核

1）送货的复核

送货的汽车配件发货时,由仓库保管员凭证配货,刷写标签,汽车配件集中于待运场所,由待运汽车配件保管员进行逐单核对。复核汽车配件有无差错,箱号、件数是否相符;复核发往地点与运输路线有无错误,收货单位名称书写是否正确清楚。复核后,理货员应在出库凭证上签字或盖章,以明责任。小型仓库,不设专职理货员的,保管组内应分工合作,互相复核。

2）自提的复核

自提汽车配件出库时,保管员根据提货单配货发付,由复核人员或其他配合工作的保管员对汽车配件的品名、规格、等级、数量等进行复核。未经复核或单货不符的汽车配件不得出库。

3）装箱的复核

出库汽车配件凡是由仓库装箱的,由保管员按单配货,交给装箱人员复核汽车配件品名、规格、等级、数量和计算单位等,并填制装箱单加以签章置于箱内,然后施封。

4）账、货、结存数的复核

保管员据单备货,从货垛、货架上取货以后,应立即核对汽车配件结存数;同时检查汽车配件的数量、规格等是否与记账员在出库凭证上批准的账面结存数相符,并且要核对汽车配件的货位号、货卡有无问题,以便做到账、货、卡三者相符。

六、仓储零件盘点

仓库定期对库存汽车配件的数量进行核对,清点实存数,查对账面数。不仅要清查库存账与实存数是否相符,有无溢缺或规格互串,还要查明在库汽车配件有无变质、失效、残损和销售呆滞等情况。通过盘存,彻底查清库存已有或隐蔽、潜在的差错事故,发现在库汽车配件的异状,及时抢救、减少和避免损失。

1. 盘点内容

1) 盘点数量

对于计件汽车配件,应全部清点;对于货垛层次不清的汽车配件,应进行必要的翻垛整理,逐批盘点。

2) 盘点质量

对于计重汽车配件,可会同业务部门据实逐批抽件过秤。

3) 核对账与货

根据盘存汽车配件实数来核对汽车配件保管账所列结存数,逐笔核对。查明实际库存量与账、卡上的数字是否相符;检查收发有无差错;查明有无超储积压、损坏、变质等。

4) 账与账核对

仓库汽车配件保管账应定期,或在必要时与业务部门的汽车配件账核对。

2. 盘点方法

1) 日常盘点

这种盘点不定期进行,是一种局部性的盘点。其工作一是动态复核,即对每天出动的货垛,发货后随即查点结存数,并汇成总表,如表5-11,这种核对花时少,发现差错快,可以有效地提高账货相符率。二是巡回复核,即在日常翻仓整垛、移仓、过户分垛后,对新组合的货垛或零散的货垛,安排巡回核对点数。日常盘点的步骤如图5-56所示。

销 卡 点 存 表　　　　　　　　　　　　　　　　表5-11

提货单号	仓 位	车 型	零件编号	零件名称	销 量	账面存量
S67132	M113/D01	HONDA	KP710-00150	油底壳密封胶	1	7

年　月　日

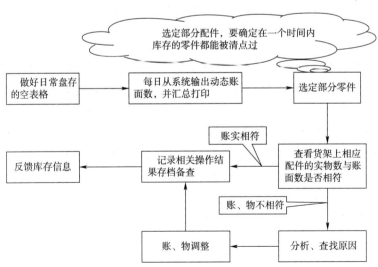

图 5-56　日常盘点的步骤

2）定期盘点

一般在月末、季末、年末进行。盘存时，按批清点库存数量，以实存数对卡、对账，核完作出已盘标记，步骤如图5-57所示。

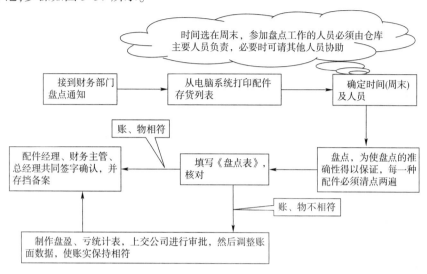

图5-57 定期盘点的步骤

3）重点盘点

重点盘点，是指根据工作需要，为某种特定目的而对仓库物资进行的盘点和检查，如工作调动、意外事故、搬迁移库等进行的盘点。定期盘点和重点盘点时均应有财务人员负责监盘，监督保管人员进行实物清点、确认，同时检查各财产物资堆放是否合理，库存是否适宜，有无过期、损坏情况存在，盘存情况登记于相应的《材料物资盘点明细表》上，如表5-12所示。盘点结束以后，编写《盘点报告》，填写处理意见并上报。

盘 点 明 细 表　　　　　　　　　　　　　　　表5-12

盘点日期：

仓库或区域名称：				盘点表编号：		
序号	零件号	零件名称	单位	实盘数量	账面数量	备注
1						
2						
3						
4						
5						
6						
7						
盘点人：		监督人：			盘点负责人：	

3. 盘点结果的验收及处理

对于盘存后出现的盈亏、损耗、规格串混、丢失等情况，应组织复查、落实、分析产生的原因，及时处理。

1）储耗

对于易挥发、潮解、溶化、散失、风化等物资，允许有一定的储耗。凡在合理储耗标准以

内的,由保管员填报"合理储耗单",经批准后,即可转财务部门核销。储耗的计算,一般一个季度进行一次,计算公式如下所示。

$$合理储耗量 = 保管期平均库存量 \times 合理储耗率$$
$$实际储耗量 = 账存数量 - 实存数量$$
$$储耗率 = 保管期内实际储耗量 \div 保管期内平均库存量 \times 100\%$$

实际储耗量超过合理储耗量的部分作盘亏处理,凡因人为的原因造成物资丢失或损坏,不得计入储耗内。

2)盈亏和调整

在盘点中发生盘盈或盘亏时,应反复落实,查明原因,明确责任。由保管员填制"库存物资盘盈盘亏报告单",经仓库负责人审签后,按规定报经审批。

3)报废和削价

由于保管不善,造成霉烂、变质、锈蚀等配件;在收发、保管过程中已损坏并已失去部分或全部使用价值的;因技术淘汰需要报废的;经有关方面鉴定,确认不能使用的,由保管员填制"物资报废单"报经审批。

由于上述原因需要削价处理的,经技术鉴定,由保管员填制"物资削价报告单",按规定报上级审批。

4)事故

由于被盗、火灾、水灾、地震等原因及仓库有关人员失职,使配件数量和质量受到损失的,应作为事故向有关部门报告。

在盘存过程中,还应清查有无本企业多余或暂时不需用的配件,以便及时把这些配件调剂给其他需用单位。

七、汽车配件仓储经济管理

现在世界上许多国家在经济活动中已经普遍采用 ABC 分析法。在实行上述按部、系、品种或按车型系列的条理化管理的同时,也应采用 ABC 分析法进行管理。

ABC 分析法是经济活动中应用的一种基本方法,它是一种从错综复杂、名目繁多的事物中找出主要矛盾,抓住重点,兼顾一般的管理方法。ABC 分析法又被称为重点管理法或分类管理法,广泛应用于商品的销售、采购、储备、库存控制等各个环节,目的在于提高资金利用率和经济效益。

1. ABC 分析法的实际应用

汽车配件经营品种规格繁多,如何做到既能及时保证库存商品销售的不间断,又尽可能少占用资金而保持适当的库存量,这就需要对仓库所储存的汽车配件按品种规格及占用资金的大小进行排队,可分为 ABC 三类。A 类配件品种少,占用资金多;B 类配件品种比 A 类多,但占用资金比 A 类少;C 类配件品种多,但资金占用少。A 类配件品种只占总品种的 10% 左右,资金却占总资金的 70% 左右;B 类配件品种占 20% 左右,其所占用资金也大致为 20% 左右;C 类配件品种占 70% 左右,资金只占 10% 左右。从其重要程度看,A 类最重要,B 类次之,C 类再次之。根据以上情况,对各类配件采取不同的管理方法。

1) A类配件

A类配件一般是常用易损易耗配件,维修用量大,换件频率高,库存周转快,用户广泛,购买力稳定,是经营的重点品种。A类配件订货批量较大,库存比例较高,对于这一类配件,一定要有较固定的进货渠道,在任何情况下,都不能断档脱销。决策者必须随时掌握其进、销、存的比例变化,使其占有优先地位。A类配件的主要品种一般是活塞环、曲轴、汽缸体、冷却液箱、活塞、万向节、汽缸垫、后制动摩擦片、钢圈、后半轴、转向节等几十个品种。

在仓库管理上,对A类配件应采取重点措施,进行重点管理,选择最优进货批量,尽量缩短进货间隔时间,做到快进快出,加速周转。要随时登记库存变化,按品种控制进货数量和库存数量,在保证销售的前提下,将库存储备压缩到最低水平。

2) B类配件

对B类配件只进行一般管理,管理措施主要是做到进销平衡,避免积压。

3) C类配件

对于C类配件,由于品种繁多,资金占用又小,如果订货次数过于频繁,不仅工作量大,经济效果也不好。一般可根据经营条件,规定该类配件的最大及最小储备量,当储备量降到最小时,一次订货达到最大量,以后订货也照此办理,不必重新计算,这样有利于集中力量抓A、B两类配件的管理工作。

2. 如何进行ABC分类

(1)计算每种配件在一定时期内(如1年内)所花费的资金总额,其计算方法是以配件单价乘以需求量,列出品种和资金一览表。

(2)根据一览表,把每一配件品种的资金数按大小顺序排列,计算出各品种所占总金额的百分比。

(3)根据配件品种数和资金额占全部品种数和总金额的百分比,将配件分成A、B、C三类。例如,某配件公司每年销售汽车配件3421个品种,年销售总额8390万元。通过计算每一种配件资金数及各品种占总金额的百分比,列出占销售总额70%~75%的配件品种为A类,再划出占销售总额15%~20%的配件品种为B类,其余为C类,如表5-13所示。

汽车配件ABC分类　　　　表5-13

分类 (按单一品种销售金额)	品　种　数	占全部品种的比率 (%)	销售金额累计 (万元)	占销售总额的比率 (%)
A(5万元以上)	328	9	6300	75
B(1万元以上)	672	20	1420	17
C(其余)	2421	71	670	8
累计	3421	100	8390	100

表5-13中所列3421种配件中,单一品种销售金额5万元以上的有328种,其销售额累计占销售总额的75%,占全部品种的9%,这328种配件被划为A类;销售金额1万元以上、5万元以下的共672种,其销售额累计占销售总额的17%,占全部品种数的20%,这672种配件被划为B类;其余2421种配件,其销售额仅占销售总额的8%,而品种数却占总数的71%,这2421种配件被划为C类。

对全部配件进行 ABC 分类是一项比较烦琐的工作。当前许多汽车配件销售企业实行了计算机管理,先将该企业经营的全部配件的品种、品名和其近 1 年的销售额录入计算机数据库,然后由微机汇总销售总额及各品种全年销售额,再计算每个品种年销售额占年销售总额的比率,由大到小排序,从而分析出 ABC 三类品种。如果销售部门用微机进行开票,整个部门的所有汽车配件品种每月每日的销售额都会存入微机,这样用微机进行 ABC 分类就更为快速和准确,而且既可以让微机对全年的销售情况做 ABC 分类,又可对近半年或近几个月的销售情况做 ABC 分类。微机只需几分钟就可完成 ABC 分类,最后由打印机输出 ABC 分类清单,效率较人工计算提高几百倍,既节省人力,又提高了信息反馈速度。

3. ABC 分析法在仓储管理中的作用

ABC 分析法在配件仓库的管理科学性、计划性、经济效益等方面显示出了强大优势,已被许多企业采用,主要有以下作用。

(1)可使配件库存管理有条理,储备有重点,供应有主次,订货易选择,核算有基础,统计好分析,为配件核算和计划编制工作奠定了基础。

(2)可以对配件合理分类,较准确地确定订货批量和储备周期,能克服储备不分主次,使储备从定性分析上升为定量分析,做到配件储备定额合理先进。

(3)以资金大小依次分类,可以使管理人员自觉形成对资金管理的重视,并且懂得管好 A 类配件就能取得用好资金的主动权;可以改变管理人员"只管供、不管用、只管物、不管资金"的片面做法,提高配件仓库的微观经济效益。

(4)对于占用资金不多的 C 类配件,可采用规定该类配件的最大及最小储备量的方法来保证供应,节省了大量的时间和保管费用,避免了人力、财力、物力的浪费,能更好地集中精力抓主要矛盾,管好 A 类及 B 类配件。

(5)能有效地帮助仓库管理人员逐步摸索和分析配件进销及库存的数据和规律性,有助于避免配件库存积压,进行合理储备,有助于加速资金周转,便于仓库核算及企业经济效益的提高。

(6)ABC 分析法不仅使配件分类清楚,而且使合同管理更为严格,因为一旦配件不到货就能及时反映出供需矛盾,所以能增强合同执行的严肃性。

(7)有助于企业进行库存结构分析。汽车配件销售企业的库存结构,就是指适销对路的配件在整个库存中所占的比重。适销配件占的比重大,就叫库存结构好;适销配件所占的比重小,就叫库存结构差。库存结构是汽车配件销售企业的一项重要业务指标,它直接标志着企业商品资金占用是否合理,反映出企业经营管理的好坏和经济效益的高低。企业应该经常对其库存结构进行分析,通过不断扩大销售和调整进货等手段调整库存结构,保持库存结构的最佳状态。

 单元小结

(1)汽车配件销售企业的仓储管理,就是以汽车配件的入库、保管、维护和出库为中心而开展的一系列活动,具体包括汽车配件的入库验收、保管、维护、发货、账册、单据与统计管理等工作。

(2)仓库管理的基本任务,就是搞好汽车配件的进库、保管和出库,在具体工作中,要求做到保质、保量、及时、低耗、安全地完成仓库工作的各项任务,并节省保管费用。

(3)入库验收的程序:点收大件、核对包装、开箱点验、过磅称重、归堆建卡、上账退单。

(4)汽车配件保管,就是指在一定的仓库设施和设备条件下,为保持汽车配件的使用价值而进行的生产活动,主要包括库房的布置、配件的存放、配件的养护、配件的盘存等内容。

(5)配件保管维护包含两个方面的内容:一是汽车配件的存放和管理,二是汽车配件维护。

(6)库房对汽车配件进行科学合理的管理和存放的最重要的方法就是对汽车配件实行分区、分类和定位存放。

(7)仓库里的配件堆码必须贯彻"安全第一"的原则,在任何情况下,都要保证仓库、配件和人身的安全,同时还要做到文明生产,配件的陈列堆码一定要讲究美观整齐。

(8)汽车配件的养护,是指汽车配件在储存过程中,库房管理人员定期或不定期地对其进行保养和维护的工作。

(9)汽车配件的出库程序:核对单据、备货、复核和装箱、报运、点交和清理、单据归档。

(10)仓库定期对库存汽车配件的数量进行核对,清点实存数,查对账面数。不仅要清查库存账与实存数是否相符,有无溢缺或规格互串,还要查明在库汽车配件有无变质、失效、残损和销售呆滞等情况。

(11)汽车配件可分为ABC三类。A类配件品种少,占用资金多;B类配件品种比A类多,但占用资金比A类少;C类配件品种多,但资金占用少。从其重要程度看,A类最重要,B类次之,C类再次之。根据以上情况,对各类配件采取不同的管理方法。

思考与练习

一、填空题

1.仓储管理的过程,是从_____开始,到把_____为止的全部过程,主要是围绕着_____、_____、出库而开展的一系列活动。

2.对库存配件一定要坚持_____,定期盘存,认真查实,随时做到库存配件_____三相符。

3.入库验收,包括_____和_____两个方面的验收。

4.汽车配件保管主要包括_____、_____、配件的维护、配件的盘存等内容。

5.质量轻、体积较大的配件应_____存放。

6.金属零件的清洗方法包括_____和_____。

7.汽车配件出库,保管员一定要坚持_____的原则,以免造成配件积压时间过长而变质报废。

8.汽车配件仓库分为_____、_____和_____三种。

二、选择题

1. 汽车配件分区分类的方法不包括_____。
   A. 按品种系列分库　　　　　　　　B. 按车型系列分库
   C. 按经营单位分库　　　　　　　　D. 按生产年份分库
2. 汽车配件堆放时要实行分批堆垛、层批清楚,其中有_____。
   A. 按品种标量法　　　　　　　　　B. 托盘堆码标量法
   C. 按厂家标量法　　　　　　　　　D. 按年份标量法

三、简答题

1. 汽车配件仓储管理的任务是什么?
2. 汽车配件入库的程序是什么?
3. 汽车配件分区分类的方法是什么?
4. 汽车配件合理堆码的要求是什么?
5. 塑料油箱存放应注意什么?
6. 汽车配件有哪些防锈工艺?
7. 汽车配件的出库程序是什么?
8. 汽车配件仓储盘点包括哪些内容?
9. 汽车配件仓储管理七原则是什么?

单元六 汽车配件销售

学习目标

完成本单元学习后,你应能:
1. 掌握汽车配件销售的特点与基本要求;
2. 掌握汽车配件向对外零售、维修部取件、批发销售的销售流程;
3. 掌握汽车配件的销售渠道;
4. 了解汽车配件的营销模式;
5. 了解精品及滞销件的促销方法。

建议学时:12 学时

一、汽车配件销售特点

汽车配件销售与一般商品销售相比较,有以下特点。

1. 较强的专业技术性

现代汽车是融合了多种高新技术的集合体,其每一个配件都具有严格的型号、规格,满足相应的技术标准。要在不同型号汽车的成千上万个配件品种中为顾客准确、快速地查找出所需要的配件,就必须有高度专业化的人员,并有计算机管理系统作为保障。从业人员既要掌握商品营销知识,又要掌握汽车配件专业知识、汽车材料知识、机械制图知识以及汽车配件的商品检验知识,并且会识别各种汽车配件的车型、规格、性能、用途。

2. 经营品种的多样性

一辆汽车在整个运行周期中,约有3000种配件存在损坏和更换的可能,所以经营某一个车型的配件就要涉及许多品种规格的配件。即使同一品种规格的配件,也有许多厂家在生产,其质量、价格上的差别很大,甚至还存在假冒伪劣产品。作为汽车配件销售人员,要为用户推荐货真价实的配件。

3. 汽车配件销售的季节性

自然规律给汽车配件销售市场带来不同季节的需求,如图6-1所示。在春雨绵绵的季节,为适应车辆在雨季行驶,需要的雨布、各种风窗玻璃、车窗升降器、电动刮水器、刮水臂及刮水片、挡泥板等配件就特别多。在热浪滚滚的夏季和早秋,因为气温高,发动机磨损大,火花塞、断电器触点、汽缸垫、进排气门、风扇传动带及冷却系配件的需求特别多。在寒风凛冽的冬季,气温低,发动机难起动,需要的蓄电池、预热塞、起动机齿轮、飞轮齿环、防冻液、百叶窗、各种密封件等配件需求增多。由此可见,自然规律给汽车配件市场带来非常明显的季节性需求趋势。调查资料显示,这种趋势所带来的销售额,占总销售额的 30%～40%。

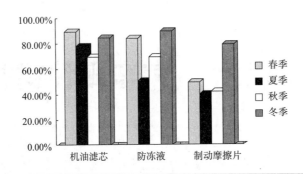

图 6-1　汽车配件销售的季节性

4. 汽车配件销售的地域性

我国国土辽阔,有山地、高原、平原、乡村、城镇,并且不少地区海拔高度相差悬殊。这种地理环境,也给汽配销售市场带来地域性的不同需求。在城镇,特别是大、中城市,因人口稠密、运输繁忙,汽车起动和停车次数较频繁,机件磨损较大,其所需起动、离合、制动、电气设备等配件的数量就较多,如一般省会城市,其公共汽车公司、运输公司的车辆,所需离合器摩擦片、离合器分离杠杆、前后制动片、起动机齿轮、飞轮齿环等部件约占上述各系品种总销售额的 40%～50%。在山地、高原地区,因山路多、弯道急、坡度大、颠簸频繁,汽车钢板弹簧易断或易失去弹性,减振器也易坏,变速器、传动系配件易损耗,需要更换的总成件也较多。由此可见,地理环境给汽车配件销售市场带来了非常明显的影响。

5. 汽车配件经营要有相当数量的库存支持

由于汽车配件经营品种的多样化以及汽车故障发生的随机性,经营者要将大部分资金用于库存储备和在途商品资金储备。

6. 汽车配件经营必须有相应的配套服务

汽车是许多高新技术和常规技术的载体,涉及机械、电子电器、自动控制、计算机等多种技术,经营者必须要有相应的配套服务,特别是技术服务。相对于一般生活用品而言,销售汽车配件更重要的是服务客户、推广知识。

二、对汽车配件销售人员的基本要求

1. 汽车配件销售人员的形象与举止

作为一名汽车配件销售人员,必须掌握一定的礼仪知识,良好的礼仪是个人品德、气质、修养、智慧、知识、能力等内在素质的外在反映,销售员形象得体,会给人一种积极乐观、精力充沛、诚恳友善的印象。工作中要注意以下几个方面。

(1) 牢记并经常使用文明服务用语,如"您好""欢迎光临""谢谢""对不起""再见"等。

(2) 销售人员应当仪表端庄、整洁、自然,不过分修饰。头发保持整齐不凌乱,注意个人卫生,保持面部清洁、口腔清洁、无异味。着装要合体、合时,做到自然、潇洒、整洁、庄重和协调,使衣着打扮之美与自身好的形象相映衬,如图 6-2 所示。

图 6-2　销售人员的仪表

(3)服装要整洁、得体、大方,按季节统一着装。西服要平整,搭配领带,皮鞋要常擦,衬衫要扣好,佩戴胸卡。同时,衣着要符合销售员这个身份,从促进销售的角度来考虑自身的着装,以适应不同的场合。适当的装饰虽然是小小的点缀,但有时却能给顾客留下深刻的印象,饰品应与服装、环境相协调。

(4)销售人员应做到举止文明,站有站相(图 6-3)、坐有坐相(图 6-4)。站要上身挺拔,收腹,双眼平视,双肩自然,不耸肩。坐要上身挺拔、端庄、收腹,坐椅子的 2/3,需要移动座位时,先移座位,后坐下,并从左边进入。要注意头正、肩平、躯挺、目光自然、不左顾右盼。行进时要步幅适当、步速平稳;不忽急忽慢、不低头驼背、不摇头晃脑或双臂大甩,如图 6-5 所示。在前面给顾客带路引导时要尽可能走在顾客左侧前方,整个身体半转向顾客方向,保持两步的距离,遇到上下楼梯、拐弯、进出门的时候要伸手示意,并提示顾客该怎么走,如图 6-6 所示。

(5)顾客到来时,要面带微笑,主动热情问候(图 6-7);一视同仁,不以貌取人;与顾客交往时,应保持适当的距离,不随便打听顾客的隐私等;对顾客要有耐心,百问不厌;有问必答,用词得当,简明扼要。

男性员工注意点：身体挺拔直立，两脚并立，与肩等宽，双手交叉，放在身前，右手搭在左手上

女性员工注意点：脚跟并拢，呈V字形，或者两脚稍微错开，一前一后，前脚的脚跟稍稍向后脚的脚背靠拢，或后腿的膝盖向前腿靠拢，右手搭在左手上，左手心握住右手大拇指

图 6-3　销售人员站姿

男女差异点

男士：上身挺直，两腿分开，不超肩宽，两脚平行，两手自然放在双腿上

女士：双膝并拢，两脚同时向左或向右放，两手相叠后放在左腿或右腿上，也可以双腿并拢，两脚交叉，置于一侧

图 6-4　销售人员坐姿

基本规范

上身略向前倾，身体重心落在脚掌前部，两脚跟走在一条直线上，脚尖偏离中心线约10°

行走时，双肩平稳，目光平视，下颌微收，面带微笑。手臂伸直放松，手指自然弯曲，手臂自然摆动，摆动幅度以30°~35°为宜

同时，步行速度要适中，不要过快或过慢，过快给人轻浮的印象，过慢则显得没有时间观念，没有活力

图 6-5　销售人员的行姿

图6-6　引导顾客

图6-7　主动热情

2. 汽车配件销售员应具备的基本功

1）开单制票

销售员开出的单据,必须字迹清楚,并且严格按照单据的格式逐项书写清楚、准确无误;否则,就会给收款、记账、发货等环节造成困难,给客户造成不必要的麻烦。

在实际汽车配件流通业务中,常遇到供方销售员开出的单据将产品名称、车型、规格省略到无法查证的情况,有的还是用方言土语,如将"CA1090传动轴油封"简写成"传动轴";将"TJ7100UA紧链器卡环及凸轮轴油道闷头"简写成"卡环及闷头"。每种汽车上都有好几种不同名称和用途的卡环和闷头,不分清用途,查不出原厂编号,就不能确定产品的名称、车型、规格,就无法签收入库,无法销售。还有的销售员文化程度较低,滥用简化字、错别字,如将"铆钉"写成"毛丁",将"夹箍"写成"轧古",将"盆角齿"写成"盆角次",将"弹簧钢板"写成"旦王钢板"等。

2）管理售货卡

售货卡是销售员的台账,也是其了解市场变化、掌握配件销售动态、编制进销计划的依据和历史资料。销售员在售货时不仅要迅速地抽出卡片,完成售货,减少客户等候时间,同时应做到登记、统计、结转账准确,保管完整。

3）为所销售的主要汽车配件通用互换原则提供咨询

由于汽车车型的发展变化非常快,使得汽车配件种类繁杂,为汽车配件销售部门在汽车配件的采购、经营方面带来许多困难。但配件在一定范围内具有互换性,还有的稍加改进就可以互换、代用。有的修理厂在修理过程中因购不到该车的维修配件而使修理中断,造成较大的经济损失。作为汽车配件销售人员,有必要掌握一些配件互换性方面的知识,以便更好地服务于客户,提高销量。

4）书写信函

有的外地客户经常来函求购急缺配件,为了巩固老客户,取信新客户,不论生意成交与否,都要做到来信必复,且回复要及时。重视书写信函的质量,发挥信函在业务往来中的作用。

5）正确使用常用量具

在汽车配件流通过程中,常用的量具包括游标卡尺、百分表、千分表、力矩扳手、塞尺、万用表、示波器等。要求销售人员能够熟练使用这些量具。

6）熟练快速地计算货款

销售员计算货款要做到一准、二快、三清。也就是说,销售员在计算货款时要准确、迅速,并将计算结果报给顾客,让顾客听清楚。顾客一次购买几种不同计量单位的配件时,需要销售员用计算器或心算准确地计算出货款。为了避免误会,计价的整个过程,都要当着顾客的面进行。如果顾客对货款有疑问,销售员要耐心地重算一遍,并有礼貌地做好必要的说明和解释。

为了加快计算货款的速度,减少顾客等候的时间,防止算错账,对于一些特殊情况,如某一种配件销量大、交易又比较频繁时,可以根据单价、计量单位预先计算好价格并制成价格速算表,帮助快速计算。

3. 提高服务水平

1)灵活运用柜台语言艺术

销售员要能够向客户介绍配件的产地、适用车型、价格等信息。一个经验丰富的销售员,往往能够灵活运用柜台语言艺术,对各类客户均要做到有问必答、语言准确、条理清楚。热情、丰富、诚恳的语言,能给客户愉快的体验,促使买卖成交。

2)根据用户的不同要求,提供各种形式的服务

汽车配件市场的竞争越来越激烈,随着各大汽车公司技术水平的不断提高和生产设备的不断完善,汽车产品的性能、质量、价格几乎趋于一致,导致市场竞争向产品的服务方面转移,因此对用户提供服务的质量会直接影响到市场占有率。为了扩大经营,应运用多种多样的服务手段,如送货上门、函电售货、代包代运等,把生意做活。

3)尊重民族风俗习惯

我国是一个多民族的国家,许多民族都有其风俗习惯,作为一个销售员,必须了解各地风土人情,多研究不同民族的风俗习惯,不要触犯各民族的禁忌,如图6-8所示。

图6-8 销售人员的"七不问"

三、汽车配件销售流程

汽车配件销售流程包括三个不同的对象:对外零售、维修部取件、批发。每个对象流程又可以分为四个部分:接待、查询有关信息、开配件取货单、办理交货手续。下面分别就三种销售对象逐一进行介绍。

1. 对外零售工作流程

汽车配件对外零售工作流程如图6-9所示。

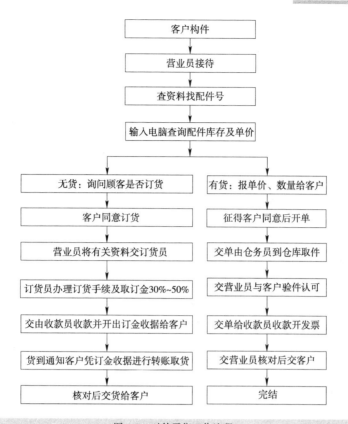

图6-9 对外零售工作流程

（1）接待顾客。接待顾客要注意态度热情,服务周到;能够根据顾客的要求为顾客分析配件的价格、质量、使用方法等因素。努力做到让顾客感觉到不仅购买了配件,更获得了优质的服务。

（2）查询有关信息。根据顾客的描述或带来的废旧配件,通过配件手册或电脑光盘查询出所需零件的编号、库存情况、价格等信息。

（3）开配件取货单。顾客决定购买后,由营业员开出配件取货单(表6-1)并签字后,交由仓务员到仓库取件,仓务员提取配件后在取货单上签字,交由营业员和客户确认。注意,此时库存量暂不做修改,因为存在着客户不满意而退回的可能性。

配件取货单　　　　　　　　表6-1

×××× 汽车服务有限公司
配件取货单(修理部)

工　作　卡 _____　　　　　发票凭单 _____
车　　　牌 _____
挂账单位 _____　　　　　开票日期 ____年____月____日

数量	车系	配件编号	配件名称	仓位	单价	提货数量	金额

营业员 _____　　仓务员 _____　　领料 _____　　合计金额 _____

(4)办理交货手续。营业员在客户确定要货后,开出销售凭单(表6-2),这是财务收款的依据。财务收款并开出发票,客户凭销售凭单和发票取货。此时才能修改库存信息。

销 售 凭 单　　　　　　　　　　　　　　　表6-2

××××汽车服务有限公司

销售凭单(修理部)

工 作 卡_____　　　　　　　　　取货凭单_____

车　　 牌_____

挂账单位_____　　　　　　　　　车型发动机_____

　　　　　　　　　　　　　　　　　　　开票日期_____年___月___日

数量	车系	配件编号	配件名称	单价	优惠价 A	金额 B

营业员_____　　折扣(%)_____　　合计_____

　　　　　　　　　　批准_____　　　　金额(A+B)_____

(5)其他。当库存无货时,则需要订货,一般情况下需要预收30%~50%的订金。在订货过程中要信守诺言,保证交货的时间。如果确实有不可抗拒的原因而导致交货的延迟,一定要及时通知客户并取得谅解。

2. 维修部取件(领料)工作流程

维修部取件(领料)工作流程如图6-10所示。维修部取件的主要特点在于它属于内部结账,是以维修人员的工卡为结账的凭证。这在取货单和销售单上均可体现。

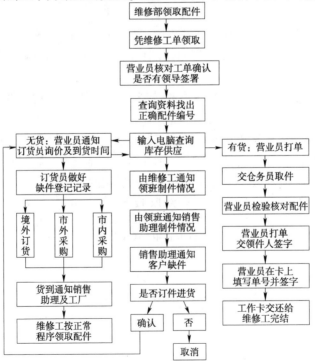

图6-10　维修部取件(领料)工作流程

3. 批发销售工作流程

批发销售工作流程如图6-11所示。

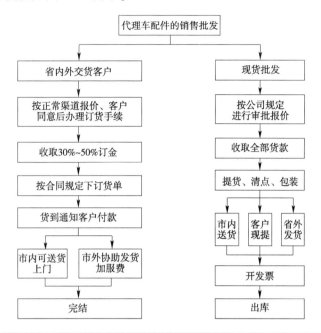

图6-11 批发销售工作流程

四、汽车配件销售渠道

销售渠道指产品从生产者向客户转移时,所经过的取得所有权的商业组织和个人,即产品由生产者到客户的流通过程中的各个环节连接起来所形成的通道。销售渠道的起点是生产者,终点是客户,中间环节包括各种批发商、零售商、商业服务机构(如经纪人、交易市场等),如图6-12所示。

我国汽车配件分销渠道模式如图6-13所示,主要分为以下三类。

(1) 通过整车厂特约维修站(4S店)提供给最终客户;

(2) 通过汽车贸易公司将配件一部分销售给最终客户,一部分销售给零售商(主要是小规模的维修厂、路边维修店和配件经销商),再销售给最终客户;

(3) 通过大型(一级/二级)地区经销商将配件销售给下一级(二级/三级)经销商和零售商,再销售给最终客户。

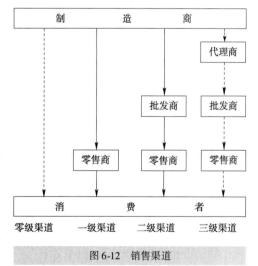

图6-12 销售渠道

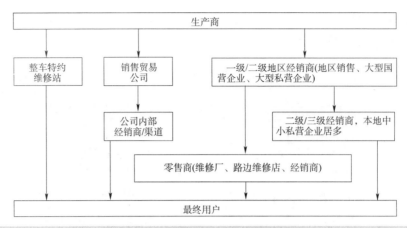

图 6-13　我国汽车配件分销渠道模式

大多数汽车配件厂商会在国内重点城市或中心城市设立产品批发商,或与各地有实力的汽车配件批发商合作,由这些批发商代理销售自己的产品,这是传统的汽车配件销售渠道,目前这种销售渠道仍然占据主流地位。

目前,我国汽车配件的销售渠道主要有以下几种形式。

1. 汽车 4S 店市场渠道

汽车 4S 店,即汽车厂家的特约服务站,是汽车配件销售的主要渠道,实力较强,服务比较规范,但由于配件主要由汽车厂家供应,因此一直存在价格偏高的情况。目前,很多特约服务站正在逐渐改变自己的进货渠道,转为直接从配件厂商处订货,订货量也增加很快。

2. 汽配城市场渠道(图 6-14)

汽配城是汽车配件走向市场经济过程中的产物。现代化的汽配城不仅是一个汽车配件批发、零售的集市,还是集汽车配件销售(商流),汽车配件配送、仓储、展示(物流),汽车配件信息发布(信息流)于一体的商品流通中心。根据对北京市汽配城的调查,北京市汽车维修用的配件有 60% 来自汽配城。

3. 汽车维修市场渠道

汽车维修市场渠道有传统汽车维修企业和汽车维修连锁企业两种形式。汽车维修企业直接面对待修的汽车,是配件的重要销售渠道。汽车维修连锁企业是集汽车维修、配件销售以及快速维护为一体的综合性修理厂。近年来,汽车维修连锁企业在中国发展迅速,例如德国博世、美国 AC 德科等知名汽修连锁品牌都加紧在中国的布局,其中博世汽修连锁店(图 6-15)的规模最大,目前全国共有 360 多家连锁店进行配件销售。

图 6-14　汽车配件城

图 6-15　博世的汽修连锁店

4. 汽车配件连锁市场渠道

汽车配件连锁市场渠道有连锁经销商和快修连锁商两种形式。汽车行业发达国家的经验证明,这种市场渠道是最有发展潜力的渠道模式。

根据国内汽配市场的实际情况,乘用车配件更适合专卖店模式。相对而言,商用车配件品种相对较少,4S体系垄断不明显,适合通过汽车配件连锁市场渠道(如汽车配件连锁超市)进行销售。值得注意的是,汽配超市(图6-16)模式需要充足的资金支持,切忌单打独斗,而应该几家一起开,既有竞争,又有合作,让供应商和客户更放心,同时在品种上也能互补。

图6-16 汽配超市

5. 独立汽车配件经销商市场渠道

目前,汽车配件市场上有几十万家独立的汽车配件经销商,遍布全国各地,销售额巨大,是汽车配件销售的重要渠道力量。

6. 网络直销市场渠道

汽车配件网络直销是汽车配件的生产企业借助联机网络、计算机通信和数字交互媒体,不通过中间商,将网络技术的特点和直销的优势巧妙结合起来的渠道模式。汽车配件网络直销的主要方式有直销企业建立网站、直接网络派送和电子直邮营销。这是一种零级层的分销渠道模式。

根据汽车配件市场的变化和配件产品的特征,汽车配件销售应将以上六种单一的分销渠道逐步构建成多元化的分销渠道,将分散、无序、小规模的分销渠道逐步改造成为规模化、系统化、严密型的分销渠道。

五、汽车配件营销模式

(一)汽车配件连锁经营

1. 连锁经营的概念和特点

(1)连锁经营的概念。连锁经营是指经营同类商品或服务的若干个企业,以一定的形式组成一个联合体,在整体规划下进行专业化分工,并在分工基础上实施集中化管理,把独立的经营活动组合成整体的规模经营,从而实现规模效益的一种经营模式。

(2)连锁经营的特点。

①连锁经营把分散的经营主体组织起来,具有规模优势(统一店名店貌,统一广告、信息,统一进货,统一核算,统一库存和管理)。

②连锁经营要建立统一的配送中心,与生产企业直接挂钩(节省流通费用,降低成本,一般价格能低于同类商店2%~5%)。

③连锁经营容易产生定向消费信任或依赖。

④消费者在商品质量上可以得到保证(统一管理,统一进货渠道,直接定向供应)。

2. 连锁经营的主要类型

1)直营连锁经营(图6-17)。

(1)直营连锁的概念。直营连锁(或称正规连锁,简称RC),是连锁经营的基本形态,是连锁企业总部通过独资、控股或兼并等途径开设门店,发展壮大自身实力和规模的一种连锁形式。

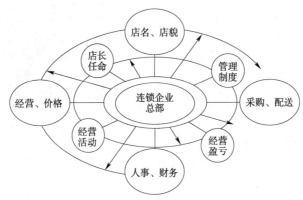

图6-17 直营连锁经营的特点

连锁企业的所有门店在总部的直接领导下统一经营,总部对各门店实施人、财、物及商流、物流、信息流、资金流等方面的统一管理。即所有的店铺都是由同一经营实体——总公司所有。

许多大型国际连锁组织,如美国的沃尔玛和希尔斯公司、瑞典的宜家家居公司、法国的家乐福和百安居公司都属于这种连锁形式。

(2)直营连锁的特点。必须是同一资本开设门店,这也是直营连锁与特许连锁和自由连锁最大的区别;经营管理高度集中;统一的核算制度。

(3)直营连锁的利弊。

①优点。高度集权管理可以统一调度资金,统一经营战略,统一管理人事,统一开发和利用企业整体性资源,具有雄厚的实力,易于同金融机构、生产厂家打交道,可以充分规划企业的发展规模和速度,在新产品开发与推广、信息管理现代化方面也能发挥出整体优势。

②缺点。由于直营连锁以单一资本向市场辐射,各门店由总部投资,逐家兴建,因而易受资金、人力、时间等方面的影响,发展规模和速度有限。此外,各分店自主权小,利益关系不紧密,难以发挥主动性、积极性、创造性。

2)自由连锁经营。

(1)自由连锁的概念。自由连锁经营(简称VC),是企业之间为了共同利益结合而成的事业合作体,各成员店是独立法人,具有较高的自主权,只在部分业务范围内合作经营,以达到共享规模效益的目的。即各店铺资本所有权独立,实行共同进货、协议定价的一种商业横向联合。

(2)自由连锁的特点。①成员店拥有独立的所有权、经营权和核算权;②总部与成员店之间的关系是协商与服务的关系;③维系自由连锁经营的经济关系纽带是各成员协商制定的合同。

（3）自由连锁的优势。①门店独立性强、自主权大、利益直接，有利于调动积极性和创造性；②连锁系统集中管理指导，有利于提高门店的经营管理水平；③统一进货、统一促销，有利于各门店降低成本，享受规模效益的好处。

因此，自由连锁具有较好的灵活性、转换性和发展潜力，既具有连锁经营的规模优势，又能保持独立小商店的某些经营特色。

（4）自由连锁的弊病。①自由连锁联结纽带不紧，凝聚力相对较弱；②各门店的独立性大，总部的集中统一运作受到限制，组织不够稳定，发展规模和地域有一定的局限性；③因过于民主，决策迟缓，相对来说竞争力受到影响。如图6-18所示。

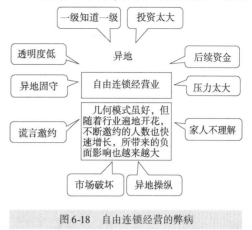

图6-18 自由连锁经营的弊病

3）特许连锁经营

特许连锁经营的组织架构如图6-19所示。

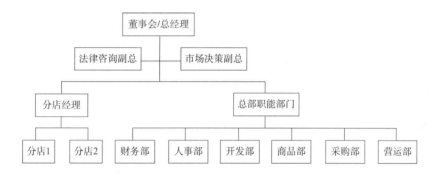

图6-19 特许连锁经营的组织架构

（1）特许连锁的概念。特许连锁经营（或称合同连锁、契约连锁、加盟连锁，简称FC），是总部与加盟店之间依靠契约结合起来的一种形式，即以单个店铺经营权的授权为核心的连锁经营。如肯德基、麦当劳都是特许连锁经营的典型代表。

（2）特许连锁的特点。①特许连锁经营的核心是特许权的转让；②总部与加盟店之间的关系是通过签订特许合约而形成的纵向关系；③特许连锁经营的所有权是分散的，但经营权高度集中，对外要形成一致形象；④加盟总部提供特许权许可和经营指导，加盟店要为此支付一定费用。

（3）特许连锁的优势。①特许连锁经营可以突破资金和时间限制，迅速扩张规模；②刺激加盟店主更加积极肯干，有助于事业发展；③可以降低经营费用，集中精力提高企业管理水平。

（4）特许连锁的弊病。①加盟店主有时会有单干的想法，总部难以控制；②个别经营失败的加盟店会连累总部声誉，使总部形象受损；③当总部发现加盟者不能胜任时，无法更换加盟者。

3. 汽车配件的连锁经营

我国连锁经营模式是在 20 世纪 80 年代中期开始兴起的,随着连锁经营的迅猛发展,连锁经营已经越来越多地应用到各个行业,包括餐饮、零售等多种服务行业在内的多种连锁经营模式遍地开花。随着我国汽车工业的快速发展,汽配行业不断进行产业整合,汽配流通模式不断创新,我国的汽配市场开始探索连锁经营模式。

(1)我国汽车配件连锁经营发展的前提条件。

①通过政策法律规范汽车配件市场。目前,我国汽车配件市场鱼龙混杂,假冒伪劣产品较多,消费者无法准确区分优质配件与劣质配件的区别。规范汽车配件市场须做到以下三点:第一,出台汽车配件质量管理条例,规定汽车配件必须由汽车质量检测机构认证合格后才能上市,保证汽车配件的质量;第二,建立完善的追溯机制,以保证后续质量的可控性,一旦配件出现质量问题,应立刻召回;第三,建立惩罚机制,对于出现质量问题的汽车配件生产厂家给予严厉处罚,提高企业违法成本。

②打破汽车经销商在汽车配件市场的技术准垄断地位,增加市场多元化竞争。长期以来,汽车经销商(汽车4S店)垄断着汽车配件市场,不利于市场的全面健康发展。为了给汽车配件市场充分引入竞争,促进其健康发展,2014 年交通运输部、国家发改委等十个部门联合印发了《关于促进汽车维修业转型升级 提升服务质量的指导意见》(以下简称《指导意见》)。《指导意见》要求,促进汽车维修配件的供应渠道和多渠道流通,打破维修配件的渠道垄断,鼓励原厂配件生产企业向汽车售后市场提供原厂配件和具有自主商标的独立配件;允许授权配件经销企业、授权维修企业向非授权维修企业或终端用户转售原厂配件,要保障所有维修企业、车主享有使用同质配件维修汽车的权利,促进汽车维修市场的公平竞争,保障消费者的自主消费选择权。

③规范修理厂的运作,提升对汽车维修质量的监管。目前,我国的汽车修理行业只有汽车4S店提供通过企业认证的维修技师的专业维修服务,多数小规模维修企业的维修技师并没有参加过企业的专业培训认证,车辆的维修质量参差不齐。《指导意见》指出,从 2015 年起,所有上市的新车都必须公开维修技术资料,即要求建立实施汽车维修技术信息公开制度,保障所有维修企业平等享有获取汽车生产企业汽车维修技术信息的权利。这样既提高了小型维修企业的维修水平,同时也为汽车维修业建立起相对比较统一的技术标准,为保证车主在非4S店修理厂的修车质量创造了前提。

(2)我国汽车配件连锁经营发展情况。

随着我国汽车配件市场的不断完善,博世(图 6-20)、米其林、德尔福、法雷奥、马瑞利(图 6-21)等汽车零部件巨头纷纷在中国进行汽车配件的连锁经营。

图 6-20　博世公司标志　　　　图 6-21　马瑞利公司标志

博世是德国最大的工业企业之一,员工人数超过23万,遍布50多个国家。博世以创新尖端的产品及系统的解决方案闻名于世。

博世集团于1909年在中国开设了第一家贸易办事处,1926年在上海创建首家汽车售后服务车间。时至今日,集团的所有业务部门(汽车技术、工业技术、消费品和建筑智能化技术)均已落户中国。博世在中国已经有37家公司,1999年1月博世(中国)投资有限公司在上海工商局登记成立;2012年底,博世在北京开设了第一家博世汽车专业维修直营店;2013年3月,博世汽车技术服务(北京)有限公司正式成立;2014年10月,博世汽车技术服务(北京)有限公司取得了开展加盟业务的许可;2014年11月3日,博世正式在华启动博世汽车专业维修特许加盟业务;2015年博世在上海和广州设立博世车联直营店。博世未来的规划是发展博世车联的加盟店,约30%的配件产品由自己供应。在未来三年内,博世将发展超过1000家特许加盟店。

博世向博世车联(图6-22)特许加盟商提供配件、汽修等全方位的服务与支持,确保全国范围内的汽车用户享受到统一的高标准汽车服务。

图6-22 博世车联

米其林驰加(图6-23)成为我国首个突破1000家服务中心的汽配连锁企业。截至2014年5月,驰加汽车服务中心达到1000家,分布在全国31个省、超过230个城市。意大利零部件集团马瑞利旗下的快修连锁品牌"捷驶星"也以连锁经营模式进入了国内汽车服务市场。

(二)汽车配件网络营销

1. 网络营销的概念和特征

(1)网络营销的概念。网络营销是企业营销

图6-23 米其林驰加

实践与现代信息通信技术、计算机网络技术相结合的产物。网络营销是指企业以电子信息技术为基础,以计算机网络为媒介和手段而进行的各种营销活动(包括网络调研、网络新产品开发、网络促销、网络分销、网络服务等)的总称。网络营销是现代社会电子商务的一部分,随着互联网的诞生及电子商务的繁荣,人们的工作及生活方式在不断改变,消费者的消费方式更是发生了翻天覆地的变化,越来越多的人选择网络购物替代传统的购物方式。如图6-24所示。

(2)网络营销的特征。与传统商务销售方式相比,电子商务的网络营销具有以下特征。

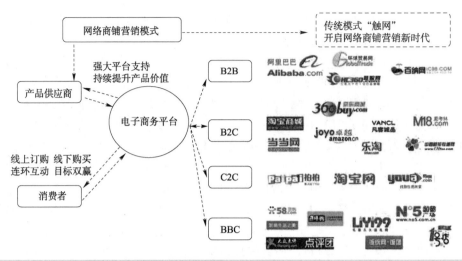

图 6-24 网络营销

①网络销售具有市场全球化的特点。以因特网为媒介的网络销售,无论你在全球何处网上,都可能成为网上企业的客户。

②网络销售交易快捷。电子商务能在世界各地瞬间完成信息传递与计算机自动处理,而且无须人员干预,加快了交易速度。

③网络销售交易虚拟化。以互联网为代表的计算机互联网络进行的贸易,双方从开始洽谈、签约到订货、支付等,无须当面进行,均通过计算机互联网络完成,整个交易完全虚拟化。

④网络销售成本低廉化。由于通过网络进行商务活动,信息成本低,足不出户,仅节省了交通费,同时减少了中介费用,因此整个活动成本大大降低。

⑤网络销售交易连续化。国际互联网的网页,可以实现 24 小时的服务。任何人都可以在任何时间上网查询企业信息。企业的永久性网址为全球用户提供不间断的信息源。

2. 网络营销的模式

网络销售的模式主要有以下几种。

(1)网店经营模式——B2C。B2C 模式的主要目标是利用网络技术缩短企业与顾客的距离,它是向消费者直接销售产品或提供服务的经营模式。B2C 运营模式如图 6-25 所示

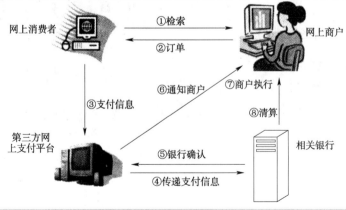

图 6-25 B2C 运营模式

B2C 模式可以分为两大部分:第一部分是消费者可以接触到的部分——在线商店的前台部分,即顾客在电子商店中选择商品,通过购物车核对所购物品的品种和数量,下电子订单,进行电子支付,选择付款方式和送货方式等一系列过程。第二部分是在线商店的后台管理部分,包括网站的维护与更新、客户关系管理、订单管理、电子支付平台、库存管理和商品配送系统等部分。

(2)企业间网络营销模式——B2B 模式。B2B 是指企业之间的电子商务,即企业与企业之间通过互联网进行产品、服务和信息的交换。即进行电子商务的供需双方,使用因特网的技术或各种网络商务平台完成交易。B2B 运营模式如图 6-26 所示。

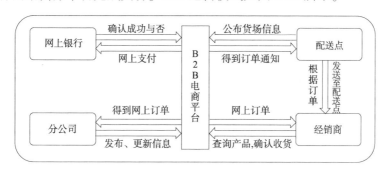

图 6-26　B2B 运营模式

B2B 是利用网络营销平台将企业的上下游产业紧密地整合在一起,即将原料供应商、产品经销商、运输商、往来银行甚至海关连成一体,实行网络的交易与管理,有效地加快了信息的流通速度,减少了中间流通环节,缩短了供货周期,降低了经营成本,提高了运营的效率和经济效益。

(3)中立交易平台模式。中立交易平台模式是众多电子商城广泛使用的一种模式。电子商城属于一种完全的电子商务企业,它既不生产产品,也不购买产品,只是为其他企业提供一个电子交易的平台,通过扩大电子商城的知名度吸引消费者到商城购物,通过招商吸引商家进驻商城,向进驻商城的商家收取服务费从而实现盈利。中立交易平台运营模式如图 6-27 所示。

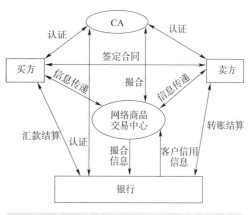

图 6-27　中立交易平台运营模式

中立交易平台运营流程如下:①买卖双方将各自供需信息传递给网络商品交易中心;②买卖双方根据信息选择贸易伙伴;③网络商品交易中心从中撮合,促使买卖双方签订合同;④买方在网络商品交易中心指定的银行办理转账付款手续;⑤指定银行通知网络交易中心买方货款到账;⑥商品交易中心通知卖方将货物发送到离买方最近的交易中心配送部门;⑦配送部门送货到买方;⑧买方验证货物后通知交易中心货物收到;⑨交易中心通知银行买方收到货物;⑩银行将买方货款转交卖方;⑪卖方将回执送交银行;⑫银行将回执交买方。

中立交易平台模式的优点是将分散的电子零售店集中起来,为招商企业提供统一的电子结算渠道、物流配送系统及其他配套服务,实现规模经济;具有为消费者提供信息集成的综合优势,减少了消费者搜索信息的成本,从而增加了商城的访问量,增强了品牌形象和知名度。

3. 汽车配件网络营销

随着我国汽车配件生产制造厂商的增加,汽车配件线下市场已逐渐趋于饱和,基于电子商务的网络营销逐渐成为汽车配件生产制造企业发展的新模式。

(1)汽车配件网络营销的优势。

①对于汽车配件生产企业来说,互联网可以更方便地收集顾客购买汽车配件过程中所提的各种问题,并及时将这些信息反馈给汽车配件生产企业。生产企业可以据此分析出顾客的购买意愿,从而尽早生产出符合市场需求的汽车配件。这样既节约了时间和费用,又抢得了市场先机。利用互联网的信息和便捷服务,生产企业可以及时得知配件销售商的库存情况和销售情况,从而调整生产计划和汽车配件调配计划。

②汽车配件销售商减少了库存,加快了资金流通,获得了较满意的收益。以前,销售商所经销的汽车配件中总有一部分畅销,而另一部分滞销。滞销部分占用资金所引起的费用就要分摊到卖出去的汽车配件上。通过互联网,生产企业和销售商都可以及时避免生产和销售滞销的汽车配件。

③对于顾客来说,通过互联网可以了解汽车配件的产品特性、价格等信息,对所需配件进行充分的比较,像"点菜"似的随意选取自己所需要的汽车配件,增加了汽车配件信息对顾客的透明度。

(2)汽车配件网络营销模式。鉴于第三方平台的客户群体比较大,汽车配件的网络销售多数是借助第三方平台实现的。汽车配件网络化经营模式主要包括 B2B 和 B2C 两种。

①汽车配件 B2B 模式主要是汽车配件厂家或者汽车配件经销商将配件通过网络平台销售给汽车修理厂(或者其他需要购买配件的组织机构)。网站平台整合了汽配流通链条上的生产厂家、经销商和修理厂。平台上的各商家可以在线获得行业商情,通过站内精确搜索,实现供应和采购信息快速匹配,在线完成产品的发布和采购。

②汽车配件 B2C 模式是汽车配件厂家或经销商通过网络平台直接将汽车配件销售给各车主,用来满足车主个人的维护修理需求。国内汽车客户无论是商用车车主还是乘用车车主,都不具备自己进行配件更换的能力,尤其对于需要安装技术的汽车配件,车主只能到维修厂进行安装、更换,这就造成汽车配件 B2C 模式仅限于汽车装饰品及轮胎等极少品类的配件。

目前京东商城是国内较大的电子商务网站。京东具备了 9660 万日活跃用户、强大的自建物流体系、业界现金的整合营销能力以及覆盖企业价值链的信息系统。近年来京东商城开展了汽车配件的销售业务。

京东汽车商城(图 6-28)针对汽车类商品有三种经营模式,以客户无法自行安装的汽车轮胎为例。

①依托自身的渠道、仓储和物流实力,直接售卖自营商品。供应商将轮胎送至京东商城

的仓库,客户下单后,京东商城将轮胎送货到家,客户自行带着轮胎到线下店安装。

②客户下单后,供应商将对应轮胎商品送到客户家里,客户再带着轮胎到店里安装,这是非自营类商品的销售模式。

③售卖轮胎安装卡,目前,京东商城针对北京区域实现了将轮胎安装卡送到客户手中,客户凭轮胎安装卡到店安装轮胎。

图6-28 京东汽车商城

第一种模式和第二种模式是传统的电商模式,第三种经营模式是一种O2O模式,京东商城只是提供一个电商平台,所起到的作用是将线上的商机转化至线下,客户只需要在线上下单付款,再到线下合作店完成对应的服务。在这个消费过程中,实际的商品并不经过京东和客户,客户需要完成订单后,到线下合作店获取最终商品并享受相应的服务。

(三)基于O2O模式的汽车配件营销模式

1. O2O模式概述

(1)O2O模式的概念。O2O商业模式是一种新诞生的电子商务模式,是由TrialPay创始人兼CEO Alex Rampell提出的。"O2O"是"Online To Offline"的简写,即"线上到线下",O2O商业模式的核心就是把线上的消费者带到现实的商店中去,在线支付购买线上的商品和服务,再到线下去享受服务,如图6-29所示。

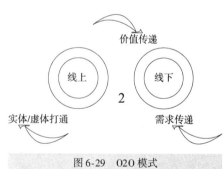

图6-29 O2O模式

O2O是企业在品牌和用户定位的基础上,融合线上和线下全渠道、全接触点,利用社交媒体、移动互联、物联网和大数据等技术,推动大会员社区化和内部资源电子化,随时随地为消费者提供极致和闭环的用户体验,有效提升品牌社会资本,实现消费者与品牌之间信任连接的一种商业模式。

(2)O2O模式的应用。O2O商业模式分为两个层面,即"Offline To Online"("线下到线上")和"Online To Offline"("线上到线下"),在不同的运营时期运用不同的O2O模式。

①"Offline To Online"("线下到线上")的运用。企业可以在推广与营销阶段采取"线下到线上",利用自身线下的优势,把线下的用户群体带到线上来发展,对用户进行合理规划,还要保证线下活动与线上推广相互映射,从而达到推广与营销效益的最大化,引导用户并提升用户体验。

②"Online To Offline"("线上到线下")的运用。企业在销售阶段,可以采用一些价格策略,积极鼓励用户线上支付,这时候就是"线上到线下"。此时企业可以通过用户的支付信息对用户的个性化进行深入挖掘,掌握这些用户数据,可以大大提升对老用户的维护与营销效果。通过分析,还可以提供发现新用户的线索,预判甚至控制用户流量,进而分析用户特征和来源,重新组织合理的推广和营销。

无论是哪一种商业模式的运用,都不是一成不变的,都需要企业根据自身的特征、地域性和生活化的差异进行合理选择,找到最适合企业的方式。而在寻找的过程中一定会遇到很多问题,如何化险为夷,这些都需要企业考虑。总之,没有万能的商业模式,需要企业不断进行创新。

(3) O2O模式的优势。O2O模式的优势在于能够把线上和线下的优势完美结合起来。通过网络导购,将互联网与实体店完美对接,实现互联网落地。让消费者既能享受线上的优惠价格,又可享受线下的服务。同时,O2O模式还可实现不同商家的联盟。O2O模式的优势主要有以下几点。

① O2O模式充分利用了互联网跨地域、无边界、海量信息、海量用户的优势,同时充分挖掘线下资源,促成线上与线下商品和服务的交易,团购就是O2O的典型代表。

② O2O模式可以对商家的营销效果进行直观统计和追踪评估,规避了传统营销模式推广效果的不可预测性,O2O将线上订单和线下消费相结合,所有的消费行为均可以准确统计,进而吸引更多的商家,为消费者提供更多优质的产品和服务。

③ O2O模式在服务业中具有优势,如价格便宜、购买方便,能及时获知折扣信息等。

④ O2O模式将拓宽电子商务的发展方向,由规模化走向多元化。

整体来看,O2O模式将会达成"三赢"的效果,对本地商家来说,O2O模式要求消费者线上支付,支付信息成为商家了解消费者购物信息的渠道,方便商家搜集消费者的购买数据,进而达到精准营销的目的,更好地维护并拓展客户。线上增加的客户并不会给商家带来太多的成本,反而会带来更多利润。此外,O2O模式在一定程度上降低了商家对店铺地理位置的依赖,减少了租金方面的支出。对消费者而言,O2O提供丰富、全面、及时的商家折扣信息,能够快捷筛选并订购适宜的商品或服务,且价格实惠。对服务提供商来说,O2O模式可带来大规模的消费者,进而争取到更多的商家资源。掌握庞大的消费者数据资源,且本地化程度较高的垂直网站借助O2O模式,还能为商家提供其他增值服务。

(4) O2O模式与B2C模式比较。

O2O模式与B2C模式的相同点。①消费者与商家的信息交换媒介均是网络(包括移动互联网);②主流程是闭合的,都是网上实现信息流和资金流的流动,如网上支付、客户服务等;③需求预测管理在后台,供应链管理是O2O和B2C成功的核心。

O2O模式与B2C模式的不同点。①O2O更侧重服务性消费(包括餐饮、电影、美容、旅游、健身、汽车保养、租房等),侧重消费者的服务体验;B2C更侧重所购商品的性价比(实物商品,如电器、服饰等);②O2O的消费者到现场获得服务,涉及客流;B2C的消费者待在办公室或家里,等货上门,涉及物流;③O2O中库存是服务,B2C中库存是商品;④O2O服务是本地化的,B2C主要面临的是全网络的产品销售。

2. 基于O2O模式的汽车配件营销模式

(1) 基于O2O模式进行汽车配件销售的可行性。目前,汽车配件线上销售的主要客户群体主要分为两类:一类是汽车租赁公司等拥有大批车队的企业客户;另一类是喜欢自己动手修车、改装车以及经常购买汽车饰品的个人车主客户。对于汽车租赁公司、驾校等企业客户来说更倾向于到修理厂或实体经销商门店进行维护修理。对于个人车主而言,中国汽车消费者们的动手能力不及国外消费者,因此对于汽车配件电子商务模式的选择,更加适合的是O2O模式,即线上购买,线下安装。我国汽车后服务应用O2O用户数如图6-30所示。

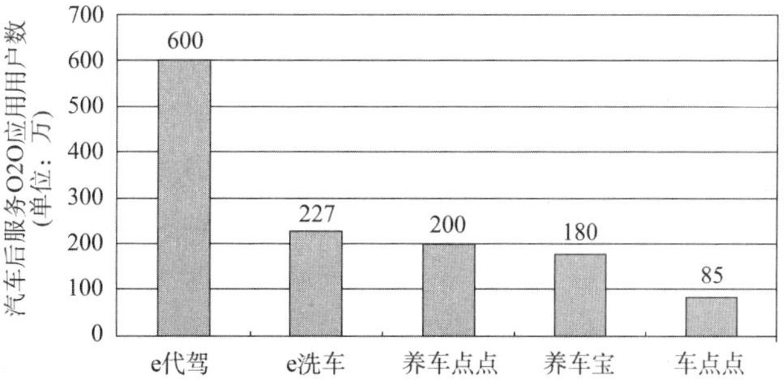

图6-30 我国汽车后服务应用O2O用户数

(2)基于O2O模式的汽车配件销售方式。

①车企和供应商采取直营的销售模式。即企业通过网络销售平台销售汽车配件,同时配合线下统一的安装门店为客户提供后续服务。线上直营为处于价值链顶端的车企和供应商在分销渠道的设立上提供了更多的灵活性。直营电商在西方汽车后市场也占据了相当大的销售份额,如美国固特异轮胎有限公司已经开辟了自己的线上销售渠道,顾客只要登录官方在线商店即可选购中意的商品,而各地经销商只负责商品的供应和配送,不参与资金结算、顾客接洽等环节。如果品牌厂商拥有自己的安装维护门店,消费者甚至可以凭借网上订单直接到店进行安装维护。德国博世公司在天猫商城开展网上直营,成交额已达到约900万美元。

②配件(维修配件、汽车用品等)供应商联合汽车售后服务店与垂直网站合作销售的模式。成熟的垂直网站拥有大量的需求迫切的消费者。以汽车维护为例,消费者在车辆需要维护时,通过登录相关的汽车维护网站,选择对应车型(结合车辆行驶里程和使用年限),直接购买相关维护产品,一站式选择汽车配件和相关服务。而后,车主可以直接将车开到相关评价较好的服务店进行维护。目前,这样的网站主要以垂直电子商务形式为主,网站将汽车的常规维护、中维护、大维护等车主常用的维护产品及工时费进行打包并将其标准化,把车主、汽车服务商和汽车配件供应商连接起来,让汽车消费更加简单、经济、安全、快捷。

③以移动互联网为媒介的汽车配件销售模式。通过手机上的App(应用程序),结合LBS(定位服务)系统可以获得更多服务,比如车要维护修理,甚至坏在半路上,通过App的LBS功能就可以直接找到最近的维修商家。LBS定位服务的推出拉近了线上与线下的距离。LBS通过移动终端和移动网络的配合,确定移动用户的实际地理位置,从而提供用户所需要的与位置相关的服务信息,是一种移动通信与导航融合的服务形式。该服务目前已成为智能手机的基础应用,也成为移动互联网的基础功能。LBS定位服务的广泛应用极大地改变了消费者获得周边信息的方式,让消费者能更快捷、更方便、更有针对性地获知所处位置的周边信息,大大提高了消费者获得消费信息的效率和质量。而对于更加依赖线下实体店的O2O模式,LBS的诞生无疑改变了O2O传统资讯推广方式,实体店资讯搜索也从以往的针对消费类型分类,转变为针对消费者所处位置分类,实现了对消费者的精准营销。目前,LBS已成为主流O2O模式的基础应用。

(3)美国基于O2O模式的汽车配件销售实践。AutoZone(图6-31)是美国著名的汽车配件零售商,在 Internet Retailer 发布的美国互联网零售商 500 强中,AutoZone 排名第 107 位。截至目前,AutoZone 总共拥有并经营 5476 家门店,其中包括在美国 49 个州、哥伦比亚特区和波多黎各经营的 5042 家门店,在墨西哥和巴西分别经营的 411 家和 5 家连锁店,以及 18 家分支机构。

AutoZone 与汽车维修 O2O 平台 Openbay(图 6-32)达成合作,使波士顿地区的车主可以在 Auto-Zone.com 网站上货比三家,并且能够在线预订由本地汽修服务人员提供的汽车维护修理。

图 6-31　美国 AutoZone 公司

图 6-32　Openbay 公司标志

Openbay 是美国汽车维修 O2O 平台,成立于 2012 年 4 月,总部位于马萨诸塞州剑桥市,向全美车主提供线上预订、线下维修的服务,致力于搭建一个车主与维修工人之间的平台,让车主可以在平台上货比三家,找到可靠的维修人员。Openbay 成立初期,就获得了风投基金和个人投资者的第一轮融资。Openbay 的目标是把汽车修护服务的供应商和需求者匹配起来,搭建汽车维修 O2O 平台。

Openbay 的商业模式是,客户每次在线预订服务时,平台从中抽取 10% 作为服务费。客户提供用于支付的信用卡号及 Openbay 验证卡号,Openbay 平台确保合法并管理整个支付过程,最后客户会收到需要提供给线下汽修服务提供商的验证码。当维修服务结束之后,客户直接在 Openbay 的线上网站进行支付,扣除 10% 的服务费之后,剩余费用全部归服务提供商所有。

目前,Openbay 平台上拥有超过 2.2 万汽修服务提供商,得益于客户的口碑传播和其推荐政策——Openbay 向每个推荐成功的客户支付 10 美元作为奖励。

AutoZone 将 Openbay 作为合作伙伴,是基于 Openbay 具备良好的资质。

第一,Openbay 从 2013 年 10 月开始建立数据库。车主只需在线输入详细的汽车服务需求或描述汽车出现的问题,本地汽修服务人员就会做出响应,提供服务。车主将根据价格、位置、排名和顾客评论等因素从多家具有竞争力的汽车维修服务提供商中进行选择。

第二,Openbay 推出 OpenbayConnect 项目,在提供汽车修理服务之前,就可以远程诊断汽车故障及预估修理成本。OpenbayConnect 通过把蜂窝式的诊断装备插入车载诊断(OBD)系统端口仪表板下,无线采集并分析汽车的诊断数据。一旦做出诊断,数据会及时反馈给对服务需求响应的本地汽修服务提供商。

作为全美汽车配件零售商巨头的 AutoZone,充分意识到将自身线下优势与互联网结合将会爆发出更大的能量,因此 AutoZone 与 Openbay 合作,可利用 Openbay 丰富的线上资源,获得更多的客户,扩大市场份额,提高企业的竞争力,是探索和创新营销模式的重要尝试。同时,Openbay 与 AutoZone 的合作也降低了获取客户的成本。AutoZone 不仅可以为 Openbay 带来汽修服务提供商,还可以直接导入有潜在需求的车主。因此,汽车配件零售商应与互联网企业合作。

六、汽车配件营销组合策略

促销是现代汽车配件企业市场营销的重要组成部分。汽车企业运用促销组合策略来实现与汽车配件用户的信息沟通,促销策略的合理运用,对企业长期稳定地发展和渡过难关有着重要意义。因此,汽车配件企业不仅需要生产适销对路的汽车配件产品,使目标市场的顾客易于获得他们所需要的汽车配件产品,而且还要求企业采用各种促销方式,开展一系列的促销活动,激发消费者的购买欲望,实现汽车配件产品的销售,满足顾客的需求。企业促销能力是企业市场营销能力的重要组成部分。

1. 促销策略概述

从市场营销的角度看,促销是企业通过人员和非人员的方式,沟通企业与消费者之间的信息,引发、刺激消费者的消费欲望和兴趣,使其产生购买行为的活动。因此,促销的实质是传播与沟通信息,其目的是促进销售,提高企业的市场占有率及增加企业的收益。

促销具有传递信息、增加需求、突出特点和稳定销售的作用。常见的促销方式有广告、人员促销、销售促进和公共关系四种,各自的特点见表6-3所示。

各种促销方式优缺点的比较　　　　　　　　　　表6-3

促销方式	优　点	缺　点
广告	传播面广,传播速度快,形象生动,可将信息艺术化,引起公众注意,加深印象	说服力较小,难以促成即时购买行为,产生效果缓慢且费用较高
人员促销	直接沟通信息,反馈及时,可当面促成交易	人才难得,费用多,接触面窄
销售促进	吸引力大,能激发购买欲望,可促成消费者当即采取购买行为	接触面窄,有局限性,影响往往是短期的,有时会降低产品身价
公共关系	影响面广,容易得到顾客信任,可提高企业知名度,树立企业形象	难以取得立竿见影的效果,需花费较大精力

2. 广告促销

1) 概述

从市场营销角度看,广告是以支付费用方式为主,通过各种传播媒体向目标市场传播商品或劳务信息,并说服其购买的经济活动。广告是汽车企业用以对目标消费者和公众进行说服性传播的工具之一。汽车配件产品广告要体现汽车企业的形象,从而吸引、刺激、诱导消费者购买该汽车配件。

广告是汽车企业促销组合运用中十分重要的组成部分,是运用最为广泛和最为有效的促销手段。广告的主要作用是传播信息、沟通产需、刺激需求、促进销售、改善服务、加强竞争、介绍知识、指导消费、提高信誉、促进联系,广告对消费者的消费观念、消费心理、消费结构、消费行为等都有着重要的影响。

2)广告媒体的选择

广告要传达某种信息,但信息又必须以某种载体为依托才可以传达出去。传播广告信息的载体即是广告媒体。广告媒体的经典形式有四类,即电视、广播、报纸和杂志。辅助媒体更多,达数百种,例如广告牌、印刷品、公共汽车、流动广告车、霓虹灯、邮寄广告、商品包装物、录像带,甚至人们穿戴的衣服、鞋帽等都是广告媒体形式。广告无孔不入,可以说广告已存在于社会的每个角落。而且,随着现代科学技术的发展,广告媒体的种类仍在不断增加,如近年来出现的网络广告媒体等。根据各种媒体客观存在的优缺点,在选择时应着重考虑以下因素。

图6-33 杂志广告

(1)产品的性质。对于汽车配件产品来说,电视和印刷精美的杂志(图)因其形象化和色彩鲜明的优点,成为汽车配件最好的媒体。高科技性能的机械电子产品,若用样本做广告,则可详细说明自身性能,效果也较好。如图6-33所示。

(2)目标消费者接受媒体的习惯。不同媒体可将广告传播到不同的市场,而不同的消费者对杂志、报纸、广播、电视等媒体有不同的阅读、收视习惯和偏好。广告媒体的选择应根据消费者的这些习惯和偏好,如购买跑车配件的消费者大多数是中青年的成功人士,所以广播和电视就是跑车配件最有效的广告媒体。

(3)传播信息类型。例如,宣传购销活动,须在电台或报纸上做广告;而如果广告信息中有大量的科技资料,则须在专业杂志上做广告。一般情况下,汽车配件产品的针对性强,因此比较适合在专业杂志和报纸上做广告,能直接面向特定的消费者,有助于用较低的预算实现预期目的。

(4)媒体的成本。广告活动应考虑企业的经济负担能力,力求在一定的预算条件下,达到一定的覆盖、冲击与持续。电视是最昂贵的媒体,而报纸则较便宜。不过,最重要的不是绝对成本数字的差异,而是目标沟通对象的人数构成与成本之间的相对关系。

企业需要对广告效果进行评估,评估的内容很多,但主要应抓住两个方面:一是信息传递效果;二是促进销售效果。

3. 人员促销

人员促销是指企业的推销员直接与顾客或潜在顾客接触、洽谈、介绍产品,以达到促进销售的活动过程。不难看出,人员促销是销售人员帮助和说服购买者购买某种产品或服务的过程。在这一过程中,销售人员要确认,并通过自己的努力满足顾客的各种需求,使双方能从公平交易中获得各自的利益。同非人员促销相比,人员促销的最大特点是具有直接性。

人员促销的主要形式有以下几种。

（1）上门推销。上门推销是指由汽车推销人员携带汽车产品的说明书、广告传单和订单等走访顾客，推销产品。这种形式是一种积极主动的、名副其实的"正宗"推销形式。

（2）柜台推销。柜台推销也称为门市推销，是指汽车企业在适当地点设置固定的门市、专卖店等，由营业员接待进入门市的顾客，推销产品。门市的营业员是广义的推销员。柜台推销与上门推销正好相反，它是等客上门式的推销方式。

（3）会议推销。会议推销指的是利用各种会议向与会人员宣传和介绍产品，开展推销活动。例如，在订货会、交易会、展览会上推销产品。这种推销形式接触面广，推销集中，可以同时向多个推销对象推销产品，成交额较大，推销效果较好。近年来，国内各大城市竞相推出的汽车博览会就属这种推销方式。汽车博览会现在不仅是推销汽车产品的极好形式，而且已成为各大城市提高城市知名度、带动消费和吸引商机的极好形式。如图6-34所示。

图6-34　汽车配件展会

4. 销售促进

销售促进，也称为营业推广，是企业为刺激早期需求而采取的能够迅速扩大商品销售的促销措施。美国市场营销协会的定义为，"那些不同于人员推销、广告和公共关系的销售活动，它可以激发消费者的购买欲望和促进经销商的效率，诸如陈列、展览、表演和许多非常规的非经常性的销售尝试。"其最大的作用就是通过进行营销刺激，以极强的诱惑力使经销商或消费者迅速作出购买决策，产生即时购买效应。销售促进有以下几种方式。

1）对消费者市场的销售促进

（1）分期付款。由于汽车价格一般比较高，普通消费者较难接受一次性付款，因此世界各汽车公司都有分期付款业务。目前，日本丰田公司有2/3的新车销售是由汽车生产企业提供分期付款金融借贷服务。对价格较高的配件可以考虑分期付款的销售促进方式。

（2）租赁销售。租赁销售是指承租方向出租方定期交纳一定的租金，以获得商品使用权的一种消费方式。汽车专业租赁公司，是继出租用车市场后又一大主体市场，是汽车生产企业长期、稳定的用户之一。租赁销售是刺激潜在需求向现实需求转化的有效手段。据美国市场调查机构公布的数字表明，1993年以租赁方式售车的轿车和卡车占总销量的1/4，销售总额达43亿美元，是1984年的4倍，其中高级轿车中有超过半数以上的被租赁。汽车配件也可以采用租赁销售的销售促进方式。

（3）置换业务。汽车置换业务包括汽车以旧换新、二手汽车整新跟踪服务、二手汽车再销售等项目的一系列业务组合。汽车置换业务已成为全球流行的销售方式。2018年，我国的二手车销量达到了1382万辆；2019年上半年，达到了686万辆。置换业务的投资回报很快，还可使企业在赋税方面享受优惠。汽车配件可以开展以旧换新的置换业务，增加利润。

图 6-35　赠品

(4)赠品。购买汽车配件附带赠送某些礼品,如印有产品标识的日常用品、打火机、手表、真皮笔记本、夹克衫、伞、烟灰缸、扇子(图 6-35)等小型纪念品,不同年限、不同里程的维修卡,不同价值的保险费(如第三者责任险),汽车销售还可以免费代办汽车牌照、赠送计算机和免费汽车维修卡等。一般的小礼品可以提高消费者满意度,在一定程度上刺激消费者的购买欲望。

2)对经销商的销售促进

(1)价格折扣。对经销商按购买数量给予低于定价的直接折扣,增加其进货的数量;如果经销商提前付款,还可以给予一定的现金折扣,从而刺激其销售积极性。

(2)折让。汽车生产企业的折让用以作为经销商宣传其产品特点的补偿。广告折让用以补偿为该产品做广告宣传的经销商;陈列折让用以补偿对该产品进行特别陈列的经销商。例如,一汽-大众对其产品的专营公司免费提供广告宣传资料,以成本价提供捷达工作用车、优先培训等。汽车配件营销除借鉴汽车企业的折让方式外,应对老款汽车的汽车配件、配件存货等实行品种折让。

(3)免费商品。对销售特定汽车配件或销售达到一定数量的经销商,额外赠送一定数量的汽车配件产品,也可赠送促销资金,如现金或礼品等。

5. 企业文化与公共关系

公共关系是现代企业经营管理的重要环节,尤其对企业领导者来说,树立正确的公共关系思想是取得经营成功的基础。公共关系首先是领导者为获得事业的成功而确定的一系列思想、路线和政策;其次,作为一种管理职能,要指挥和依靠专门人员为贯彻既定的公共关系政策进行一系列有计划的行动,其目的在于不断调整本单位与公众的关系,在公众中树立本单位的良好形象,在为社会谋利益、为本单位谋利益的基础上,建立双向或多向沟通的、有利于相互了解和支持的良性交往关系。

现代企业公关活动的开展可谓丰富多彩,常见的公关活动的有以下四种。

(1)创造和利用新闻。企业公共关系部门可编写企业相关重要事件、产品等方面的新闻,或举办活动创造机会以吸引新闻界和公众的注意,扩大影响,提高知名度。例如,日本丰田汽车公司每年举办"丰田杯"足球赛,对提高丰田公司在全世界的知名度有很大作用。

(2)参与各种社会活动。例如,通过各种有意义的赞助活动,可以树立企业关心社会公益事业的良好形象,培养与公众的感情,从而增强企业的吸引力和影响力。

(3)开展各项有意义的活动。通过丰富多彩的活动,如举办产品和技术方面的展览会或研讨会、演讲会、有奖比赛、纪念会、开幕式或闭幕式等(图 6-36、图 6-37),引起广大公众对企业和产品的注意,提高企业及产品声誉。现在许多世界著名的汽车公司十分注重在我国的公共关系工作,如在我国举办的多次汽车展览会上,许多大型国际汽车公司都展现了它们的优良汽车产品和技术实力,这对提高它们的产品在我国的声誉有着巨大作用。

图 6-36 真假配件展览会　　　图 6-37 丰田公司的客户答谢冷餐会

（4）编写和制作各种宣传材料，包括介绍企业和产品的业务通信、期刊、录像带、幻灯片或电影等公众喜闻乐见的宣传品。

单元小结

（1）汽车配件销售的特点：较强的专业技术性、经营品种的多样性、销售的季节性、销售的地域性、要有相当数量的库存支持、必须有相应的配套服务。

（2）汽车配件销售流程包括三个不同的对象：对外零售、维修部取件、批发三种。每个对象流程又可以分为四个部分：接待、查询有关信息、开库存取货单、办理交货手续。

（3）我国汽车配件分销渠道模式主要分为三类。①通过整车厂特约维修站（4S店）提供给最终用户；②通过汽车贸易公司将配件一部分销售给最终用户，一部分销售给零售商（主要是小规模的维修厂、路边维修店和配件经销商），再销售给最终用户；③通过大型（一级/二级）地区经销商将配件销售给下一级（二级/三级）经销商和零售商，再销售给最终用户。

（4）我国汽车配件的营销模式主要有汽车配件连锁经营、汽车配件网络营销、基于O2O模式的汽车配件营销三种模式。

（5）网络销售的模式主要有网店经营模式、企业间网络营销模式、中立交易平台模式。

（6）基于O2O模式的汽车配件销售方式有车企和供应商采取直营的销售模式、配件（维修配件、汽车用品等）供应商联合汽车售后服务店与垂直网站合作销售的模式、以移动互联网为媒介的汽车配件销售模式。

（7）常见的促销方式有广告、人员促销、销售促进和公共关系四种。

思考与练习

一、填空题

1. 牢记并经常使用文明服务用语，如_____、_____、_____、"对不起"、"再见"等。

2.销售员开出的单据,必须_____,并且严格按照单据的_____逐项书写清楚、准确无误。

3.当库存无货,则需要订货,一般情况下需要预收_____的订金。在订货过程中要信守诺言,保证交货的时间。

4.通过汽车贸易公司将配件一部分销售给最终用户,一部分销售给零售商(主要是_____、_____、_____),再销售给最终用户,是我国汽车配件分销渠道模式之一。

5.网络销售的模式主要有_____、_____、中立交易平台内模式。

6.汽车配件产品广告要体现_____,从而吸引、刺激、诱导消费者购买该汽车配件。

二、选择题

1.汽车配件销售流程包括三个不同的对象:_____。
  A.一级批发、维修部取件、二级批发
  B.对外零售、维修部取件、批发
  C.大客户取件、维修部取件、批发
  D.对外零售、维修部取件、大客户取件

2.直营连锁的特点有_____。
  A.同一资本开设门店   B.经营管理高度集中统一
  C.统一的核算制度   D.自主经营

3.特许连锁的特点有:_____。
  A.特许权的转让   B.经营权高度集中
  C.所有权分散   D.加盟店要支付费用

三、简答题

1.汽车配件销售有什么特点?
2.对汽车配件销售人员有什么基本要求?
3.汽车配件对外零售工作流程是什么?
4.维修部取件工作流程是什么?
5.我国汽车配件的销售渠道主要有哪几种形式?
6.我国汽车配件营销模式有哪几种?
7.常见的促销方式有哪些?

单元七 汽车配件售后服务

学习目标

完成本单元学习后,你应能:
1. 掌握保持客户关系的方法与步骤;
2. 了解配件替换的方法;
3. 掌握保修索赔期和保修索赔范围;
4. 了解汽车特约服务站索赔员的职责;
5. 掌握保修索赔工作流程;
6. 了解索赔旧件的管理方法。

建议学时:8 学时

汽车配件售后服务作为汽车配件销售的后续服务,对于维系客户、提高客户的满意度(图 7-1)至关重要。因此,汽车售后服务管理是侧重于客户服务,从维持与客户良好关系、增加客户满意度的角度实施的一系列管理策略。

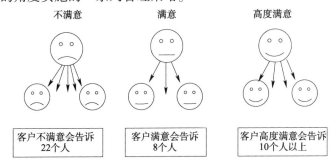

图 7-1 提高客户满意度

汽车产品的生产是一个相当严密的过程,各工序都有严格的检验关卡。但是由于无法预计的原因,产品质量缺陷是不可避免的,因此汽车制造厂为汽车产品(包括整车和配件)提供了有条件的保修索赔。做好保修索赔工作,就可以避免这些质量缺陷给用户带来的不便。同时,出色的保修索赔工作也是树立品牌形象,为营销和售后服务赢得市场的重要手段。

一、保持客户关系

无论通过什么销售渠道和销售方式,当汽车配件销售出去以后,对客户的使用体验和满意度的关注直接关系到维系客户关系及扩大市场占有率。因此对客户售后服务的重点是建立并维系客户关系。

1. 建立客户档案

客户的档案管理是对客户的有关材料以及其他技术资料加以收集、整理、保管和对变动情况进行记载的一项专门工作。建立客户档案直接关系到售后服务的正确组织和实施。档案管理必须做到以下几点。

（1）档案内容必须完整、准确。

（2）档案内容的变动必须及时。

（3）档案的查阅、改动必须遵循有关规章制度。

（4）要确保某些档案及资料的保密性。

客户档案可采用卡片的形式，主要内容包括：客户名称、详细地址、邮政编码、联系电话、法定代表人姓名、注册资金、生产经营范围、经营状况、信用状况、供销联系人、银行账号、何时与其建立交易关系、历年交易记录、联系记录、配件消耗、配件来源情况等，见表7-1。

客 户 档 案 卡　　　　　　　　　　　　　　　表7-1

客户姓名		性别		职务	
联系电话		传真		电子邮件	
单位名称					
法人代表				注册资金	
经营范围					
交易状况					
通信地址				邮编	
建卡时间					

2. 对客户进行分类

在建立客户档案，并对客户进行调查分析的基础上，对客户进行分类。

（1）A类客户。资信状况好、经营作风好、经济实力强、长期往来成交次数多、成交额较大、关系比较牢固的基本往来户。

（2）B类客户。资信状况好、经济实力不太强，但也能进行一般的交易，完成一定购买额的一般往来户。

（3）C类客户。资信状况一般、业务成交量较少、可作为普通联系户。

对于不同类别的客户，要采取不同的经营策略，优先与A类客户成交，在资源分配和定价上适当优惠；对B类客户要"保持"和"培养"；对C类客户则应积极争取，加强联系。

3. 保持与客户的联系

建立客户档案和客户分类的目的在于及时与客户联系，了解客户的要求，并对客户的要求做出答复。应经常查阅最近的客户档案，了解客户汽车配件的使用情况以及存在的问题。与客户进行联系时应遵循以下准则。

（1）了解客户的需求。应了解客户的汽车配件在使用中有什么问题，或者客户还有哪些需求。

(2)专心听取客户的要求并做出答复。

(3)多提问题,确保完全理解客户的要求。

(4)总结客户的要求。在完全理解了客户的要求以后,还要归纳一下,填写"汽车配件客户满意度调查表"。

(5)对于A、B两类客户,可定期或不定期召开用户座谈会或邀请他们参加本企业的一些庆典或文化娱乐活动,加深与他们的感情。

4. 送货上门和质量"三包"

送货服务大大方便了客户,目前在汽配经营行业应用较为普遍。对售出的配件实行质量"三包"(包退、包换、包修),维护了客户的权益,降低了客户的风险,而且也提高了企业的信誉,刺激企业经营。

5. 了解配件使用信息

要积极主动向大客户,如汽车修理企业、汽车运输公司、租赁公司、出租公司的修理厂等,了解车辆状况,按配件消耗规律,找出客户的需求规律性,以便及时协助客户合理储备配件。

1)了解客户车辆状况,如图7-2所示。

主要了解客户拥有的车型、车数、购买时间和使用状况。

2)找出客户配件消耗的规律。

汽车的使用寿命周期由"初期使用—正常使用—大中修理—后期使用—逐渐报废"这样一个全过程所组成。对于专业运输企业和工、矿企业所使用的专业运输车辆,配件消耗在这个全过程中有以下规律性。

图7-2 客户需求状况

(1)初期——正常运行期。维护用配件处于正常消耗阶段。

(2)二期——使用故障期。在此期间事故件消耗量上升。

(3)三期——中修期。在此期间,以磨损消耗的配件为主,例如发动机高速运转部位的零部件。

(4)四期——大修期。在此期间,也是以磨损消耗的配件为主,例如发动机、离合器、变速器等部位的零部件。

(5)五期——混合期。在此期间,主要是定期维护用配件和磨损消耗的配件,以及由于大、中修质量影响造成返修所消耗的配件。

(6)六期——二次大修期。在此期间,除消耗第一次大修用配件外,底盘要全部检修,更换部分配件。这部分配件一般不属于正常磨损,而是由于检查、调整不及时造成的,主要是滚动轴承损坏导致的齿轮损坏。因此,必须在第一次大修时对底盘各总成进行全面检查和调整。

(7)后期——逐渐报废期。在此期间配件消耗下降,配件储备处于紧缩阶段。

根据以上分析,可以看出配件消耗是以不同使用时期的不同消耗为重点的动态增减规律,它反映了配件消耗规律的普遍性,是一种符合车辆使用寿命周期规律的函数关系。配件储备定额应与上述函数关系建立对应关系,加上一定的安全储备量,就是动态储备定额。按动态储备定额储备配件,既能满足车辆在不同使用时期配件消耗的需要,又相对节省了储备资金,同时避免了配件积压和报废损失。

3)协助客户合理储备配件。

(1)配件储备要建立在消耗的基础上,以耗定存,加强分析配件消耗规律的能力,为制订维修配件储存计划提供依据。

(2)根据车辆技术性能和使用条件,制订车辆在整个寿命周期内的配件消耗分期计划,确定不同时期配件消耗重点,进而确定库存量和库存结构。

(3)认清总成和配件的存量关系,使存量合理化。总成可以分为大总成、小总成和事故总成,应分别采取不同方法储备。

①大总成,如发动机、变速器等。这类总成损坏率小,主要部件损坏时才需更换,储备不应过多,甚至可以在需要时临时采购。主要原因是这类总成价格较高,这样做可以节省储备资金。

②小总成,如供油泵、发电机等。占全车总成的2/3左右,这类总成一般易损,修理时占用工时较长,影响车辆完好率,且一般总成比成套零件价格便宜。这类总成内的零件往往只有若干件易损,全部备齐也不经济。随着人们时间观念的增强,一般要求更换小总成,此时可将原小总成收下,待修理好后,作为再次损坏时的备用品。因此,可以根据实际使用情况,多备小总成。在摸清内部损坏零件后再有目的地储备配件。

③事故总成,如车架(图7-3)、保险杠、前后桥等。这类总成多由事故造成损坏,故不应提前储备。较为经济的做法是在接到事故车后,及时向预先约定的单位购买。

图7-3 车架

④对保有量极少的车型(例如油罐车和牵引车等),要采取特殊的管理方法,想方设法保证供应,以防急需时因配件待料而影响生产。除加强与有车单位的横向联系外,对易损配件要储备充足,保证正常维修需要。大、中修配件集中在发动机、离合器、变速器等部位,可考虑备用总成,供修理时更换,换下的旧总成可在充足时间内修理,未储备的配件也可在此期间采购。旧总成修复后可作备用,这样就减少了大量库存配件。底盘配件可在第一次大修时检修调整,有目的地制订储备计划。

二、汽车配件替换服务

配件的替换是汽车行业的一个重要功能和业务。由于汽车厂和配件供应商对配件的设计、外观和功能的改变,老版本的配件须用新版本的配件替换。由于汽车行业的特殊性,配件的替换不仅存在于生产领域,还延续到售后服务领域。不但在生产过程中会有配件版本更换的情况,在售后领域也经常会碰到配件替换或互换的情况。

1. 汽车配件替换的类型

配件的替换在汽车行业里是一个非常特殊的过程,既可以一对一地替换,也可以是多对一或一对多地替换,大多数情况是某一种配件被另一种配件替换。通常配件的编号也不同,配件替换的信息由整车厂提供。配件替换存在两种类型,即全部替换和部分替换。

(1)全部替换。某一个配件编号被一个或多个不同的编号所代替。新的配件和旧的配件在功能和使用上完全相同。对于经销商已有的库存和尚未发出的采购订单,也可以全部替换为新的编号。

(2)部分替换。某一个配件的编号只在某些条件下可以被一个或多个不同的编号代替,例如只能在对应车型的某个版本发布之后,因此经销商现有的库存不会立即被替换为新的编号。

在大多数情况下,配件的替换是一对一的替换。但在某些特殊情况下,也有可能出现拼合的情况。例如,配件 A 和配件 B 被同一个配件 C 替换,发生这种情况的原因除工程更改外,通常是由配件供应商改变了供货状态所致。

2. 汽车配件替换的方法

(1)压力传感器的替换。如进口别克君威3.0L轿车的进气歧管压力传感器(图7-4)损坏了,可以用金杯轿车(单点电喷发动机)的进气歧管压力传感器替换,两者只是外观略有差异。别克轿车与金杯轿车的发动机都是采用德尔福电控汽油喷射系统,因此这两种车型发动机的传感器能够在一定程度上相互替换。

图7-4 别克君威3.0L轿车的进气歧管压力传感器

(2)燃油箱油位传感器的替换。东风牌汽车油箱油位传感器损坏后,如果没有原厂配件可换,可以用解放牌汽车的油箱油位传感器稍加改动来替换。方法是把解放牌汽车油箱传感器内的可变电阻器换个方向。因为解放牌汽车的油箱无油时,其油位传感器的电阻值变小,而东风牌汽车的油箱无油时,其油位传感器的电阻值变大,所以将油位传感器换个方向安装就可以了。

(3)仪表电源稳压块的替换。桑塔纳轿车的仪表电路与一般汽车的仪表电路相似,冷却液温度表和燃油表的电源都要由电源稳压器提供,以防蓄电池电压波动对仪表读数产生影响。桑塔纳轿车仪表电源稳压块的型号是TCA700Y,若损坏后购买不到这种型号的稳压块,可以用 AN7810 集成电源稳压块替换。这两种稳压块的输出电压相同,而且 AN7810 电源稳压块的额定电流更大,只是其 1 号脚为输入端,3 号脚为输出端,而 TCA700Y 的 1 号脚为输出端,3 号脚为输入端。为此,需要把 AN7810 电源稳压块的反面朝上,插在原稳压块的插座上,在散热片与代用稳压块之间垫一只 M5 螺母,用自攻螺钉拧在原处,即可正常使用。

(4)热敏电阻的替换。如果奔驰 560SEL 轿车空调系统蒸发器上温控器的热敏电阻失效,一时找不到原车配件,可以临时用东芝电冰箱的控温用热敏电阻代替,该电阻为负温度系数式热敏电阻,常态电阻值为 7.63kΩ。把这个热敏电阻温控器(感温包)贴在蒸发器表面即可。

(5)防盗系统接收器的替换。无论采用调感式还是调容式,无论是分立直插件还是贴表器件或者混合方式,它们之间几乎完全可以互换使用,只需要找到 GND(接地端)、+V(电源正极)、OUT(信号输出端)的对应关系,然后重新调整其接收频率即可。

（6）防抱死制动系统(ABS)的替换。在轿车上大量采用 MK20、MK20-Ⅰ型和 MK20-Ⅱ型 ABS 系统,其中包括大众车系、红旗轿车等。因此,此类 ABS 系统中有不少零件可以替换。

（7）继电器的替换。继电器与电阻器、电容器一样,是一种标准件。在汽车维修中有时两个完全不相关的系统中的继电器可以相互替换,如图 7-5 所示。

（8）数字集成电路的替换。绝大部分数字集成电路有国际通用型,只要数字集成电路后面的阿拉伯数字对应相同,就可以相互替换。数字集成电路如图 7-6 所示。

图 7-5　汽车继电器

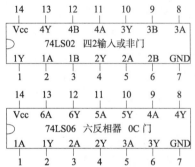

图 7-6　数字集成电路

三、汽车配件质量担保与索赔

汽车配件的质量担保和索赔是一个问题的两个方面。汽车配件质量担保是汽车配件生产企业对自己生产产品的承诺,是对消费者使用产品权益的保障,而汽车售后配件的索赔是消费者保护自己权益的方式。通过汽车配件生产企业的质量担保服务和消费者的索赔能够同时约束企业和消费者,建立公平的市场秩序,提升企业产品质量和服务水平。

1. 汽车配件质量担保和索赔的概念

汽车配件质量担保是指汽车配件生产者或销售者直接对汽车配件产品的性能、特性、质量做出的保证或者承诺,即生产者保证产品符合质量要求,满足客户需要。汽车配件生产企业或者销售企业的质量担保服务主要是通过客户对汽车售后配件的索赔开展的。

汽车配件索赔是指汽车 4S 店售出的汽车配件,在质量担保期内出现质量问题,经客户申请,由索赔员代替客户与配件生产厂家协商,给予配件的维修或更换,相关费用(材料费、工时费等)由配件生产厂家支付,从而维护厂家及消费者的权益。

2. 汽车售后配件索赔的目的和原则

汽车配件索赔的目的是对产品质量进行担保,使用户对汽车企业的产品及售后服务满意,以维护汽车企业形象,树立汽车企业信誉,进一步完善汽车配件供应体系,从而以优质的服务赢得用户的信赖。汽车配件的索赔主要依照诚信正直、公平公正、相互信赖、认真负责的原则实施。

四、特约维修站的保修与索赔工作

汽车特约服务站是汽车制造厂面向用户的窗口,用户的保修索赔工作由特约服务站来完成。汽车制造厂为各特约服务站提供了便捷的保修索赔工作环境,特约服务站也应该严格按照汽车制造厂的保修索赔政策为每一位用户做好保修索赔服务。

(一)保修索赔期和保修索赔范围

各汽车制造厂保修索赔的具体规定尽管有些不同,但原则上没有大的区别。整车、配件的保修索赔期和保修索赔范围一般包括以下内容:

1. 保修索赔期

1)整车保修索赔期。

(1)整车保修索赔期为从车辆开具购车发票之日起的24个月内,或车辆行驶累计里程40 000km内,两条件以先达到的为准。如超出以上两范围之一,该车就超出保修索赔期。

(2)整车保修索赔期内,特殊零部件依照特殊零部件保修索赔期的规定执行。特殊零部件保修索赔期的规定见表7-2。

特殊配件保修索赔期　　　　表7-2

特殊零部件名称	保修索赔期
控制臂球头销	12个月或4万km
前减振器、后减振器	12个月或4万km
等速万向节	12个月或4万km
喇叭	12个月或4万km
蓄电池	12个月或4万km
氧传感器	12个月或4万km
防尘套(横拉杆、万向节)	12个月或4万km
各类轴承	12个月或4万km
橡胶件	12个月或4万km
喷油器	12个月或4万km
三元催化器	12个月或4万km

2)配件保修索赔期。

(1)在整车保修索赔期内由特约服务站免费更换安装的配件,保修索赔期为整车保修索赔期的剩余部分,即随整车保修索赔期结束而结束。

(2)由用户付费并由特约服务站更换和安装的配件,从车辆修竣客户验收合格日和行驶里程算起,其保修索赔期为12个月或40 000km(两条件以先达到为准)。在此期间,因为

保修而免费更换的同一配件的保修索赔期为其付费配件保修索赔期的剩余部分,即随付费配件的保修索赔期结束而结束。

2. 保修索赔的前提条件

(1)必须是在规定的保修索赔期内。

(2)用户必须遵守《保修保养手册》的规定,正确驾驶、维护、存放车辆。

(3)所有保修服务工作必须由汽车制造厂设在各地的特约服务站实施。

(4)必须是由特约服务站售出并安装或原车装在车辆上的配件,方可申请保修。

3. 保修索赔范围

(1)在保修索赔期内,车辆正常使用情况下整车或配件发生质量故障、修复故障所花费的材料费、工时费属于保修索赔范围。

(2)在保修索赔期内,车辆发生故障无法行驶,需要特约服务站外出抢修,特约服务站在抢修中的交通、住宿等费用属于保修索赔范围。

(3)汽车制造厂为每一辆车提供两次在汽车特约服务站进行的免费维护,两次免费维护的费用属于保修索赔范围。其中免费维护项目包括:

①2 000km 免费维护项目。

a. 更换机油及机油滤清器。

b. 检查传动皮带。

c. 检查空调暖风系统软管和接头。

d. 检查冷却液。

e. 检查冷却系软管及卡箍。

f. 检查通风软管和接头。

g. 清洗空气滤清器滤芯。

h. 检查油箱盖、油管、软管和接头。

i. 检查制动液和软管。

j. 检查、调整驻车制动器。

k. 检查轮胎和充气压力。

l. 检查灯、喇叭、刮水器和洗涤器。

②6 000km 免费维护项目。

a. 更换机油及机油滤清器。

b. 检查冷却液。

c. 检查冷却系软管及卡箍。

d. 检查通风软管和接头。

e. 清洗空气滤清器滤芯。

f. 检查油箱盖、油管、软管和接头。

g. 检查排气管和安装支座。

h. 检查变速器、差速器油。

i. 检查制动液和软管,必要时添加制动液。

j. 检查、调整驻车制动器。

k. 检查、调整前后悬架。
l. 检查、调整底盘和车身的螺栓和螺母。
m. 检查动力转向液,必要时添加。
n. 检查轮胎和充气压力。
o. 检查灯、喇叭、刮水器和洗涤器。
p. 检查空调/暖风。
q. 检查空调滤清器。

4. 不属于保修索赔的范围

(1)汽车制造厂特许经销商处购买的每一辆汽车都随车配有一本保修维护手册,该保修保养手册须盖有售出该车的特许经销商的印章,经购车客户签名后方可生效。不具有该保修保养手册,保修保养手册上印章不全或发现有擅自涂改保修保养手册情况的,汽车特约服务站有权拒绝客户的保修索赔申请。

(2)车辆正常例行维护和车辆正常使用中的损耗件不属于保修索赔范围,如:
①润滑油、机油和各类滤清器。
②火花塞。
③刹车片、离合器片。
④清洁剂和上光剂等。
⑤灯泡。
⑥轮胎。
⑦雨刮片。

(3)因不正常维护造成的车辆故障不属于保修索赔范围。汽车制造厂的每一位用户应该根据《保修保养手册》上规定的维护规范,按时到汽车特约服务站对车辆进行维护。如果车辆因为缺少维护或未按规定的维护项目进行维护而造成的车辆故障,不属于保修索赔范围。如未按规定更换变速器油,而造成变速器故障,特约服务站有权拒绝用户的索赔申请。同时汽车特约服务站有义务在用户每次作完维护后记录下维护情况(记录在用户的《保修保养手册》规定位置,盖章),并提醒用户下次维护的时间和内容。

(4)不是在汽车制造厂授权服务站维修的车辆,或者安装了未经汽车制造厂售后服务部门许可的配件的车辆不属于保修索赔范围。

(5)用户私自拆卸更换里程表,或更改里程表读数的车辆(不包括汽车特约服务站对车辆故障诊断维修的正常操作)不属于保修索赔范围。

(6)因环境、自然灾害、意外事件,如酸雨、树汁、沥青、地震、冰雹、水灾、火灾、车祸等造成的车辆故障不属于保修索赔范围。

(7)因用户使用不当,滥用车辆(如用作赛车)或未经汽车制造厂售后服务部门许可改装车辆而引起的车辆故障不属于保修索赔范围。

(8)间接损失不属于保修索赔范围。因车辆故障引起的经济、时间损失(如租赁其他车辆或在外过夜等)不属于保修索赔范围。

(9)由于特约服务站操作不当造成的损坏不在保修索赔范围。同时,特约服务站应当承担责任并进行修复。

（10）在保修索赔期内，用户车辆出现故障后未经汽车制造厂或汽车特约服务站同意继续使用而造成进一步损坏，汽车制造厂只对原有故障损失（须证实属产品质量问题）负责，其余损失由用户承担。

（11）车辆发生严重事故时，用户应保护现场，并应保管好损坏零件，但不能自行拆卸故障车。经汽车制造厂和有关方面（如保险公司等）鉴定事故原因后，如属产品质量问题，汽车制造厂将按规定支付全部保修及车辆拖运费用。如未保护现场或因丢失损坏零件以致无法判明事故原因，汽车制造厂不承担保修索赔费用。

5. 其他保修索赔事宜

1）库存待售成品车辆的保修

由汽车制造厂派出的技术服务代表定期（至少每3个月1次）对中转库和代理商（经销商）展场的车辆进行检查，各地特约服务站配合。对车辆因放置时间较长出现油漆变（褪）色、锈蚀、车厢底板翘曲变形等外观缺陷，由汽车制造厂索赔管理部批准后可以保修。保修工作由汽车制造厂设在各地的特约服务站完成。

2）保修索赔期满后出现的问题

对于过了保修索赔期的车辆，原则上不予保修索赔。如确属耐用件存在质量问题，则由汽车制造厂技术服务代表和汽车特约服务站共同对故障原因进行鉴定，在征求汽车制造厂索赔管理部同意后可以按保修处理。因维护、使用不当造成的损坏或是易损件的损失不能保修。

3）更换仪表

因仪表有质量问题而更换仪表总成的，汽车特约服务站应在用户《保修保养手册》上注明旧仪表上的里程数及更换日期。

4）故障原因和责任难以判断的问题

对于故障原因和责任难以判断的情况，如用户确实按《使用说明书》规定使用和维护车辆且能出示有关证据（如查看维护记录、询问驾驶员对车辆性能、使用的熟悉程度），须报汽车制造厂索赔管理部同意后方可保修。

（二）保修索赔工作机构

1. 保修索赔工作机构的组成

保修索赔工作机构由汽车制造厂索赔管理部和汽车特约服务站索赔员组成。

1）汽车制造厂索赔管理部

汽车制造厂索赔管理部隶属汽车制造厂的售后服务机构。售后服务机构负责售后业务，主要部门有：售后服务部、配件供应部、索赔管理部。售后服务部主要负责配件售后服务、培训、技术支持、资料手册编辑、特约服务站服务工作的协调监督等业务；配件供应部主要负责配件筹集、定单处理、库存管理、配件运送协调、配件价格体系制订、特约服务站配件工作协调及监督等业务；索赔管理部主要负责整车、配件保修索赔期内的保修索赔以及再索赔工作，主要有：索赔工时的核算、故障代码的制订和校核、索赔单据的审核和结算、产品质量信息的收集与反馈、再索赔结算及协调等业务。

汽车制造厂在全国选建符合4S标准（集整车销售、汽车维修、配件供应、信息反馈为一体)的汽车特约服务站。汽车制造厂为特约服务站提供全面的技术支持,如信息系统的建设支持和运费的补偿。同时,汽车制造厂建立培训中心,为特约服务站进行技术、管理培训,成立CALL CENTRE(应答中心),及时提供信息咨询和意见反馈。

2)汽车特约服务站索赔员

(1)对索赔员的具体要求。要求每个特约服务站必须配备一名专职索赔员,专职索赔员的主要工作是保修索赔、免费维护和质量信息反馈。根据索赔的工作性质,对专职索赔员提出了以下具体要求:

①具有必备的汽车专业理论知识。

②具有丰富的现场维修经验,有对汽车故障进行检查和判断的能力。

③有较强的语言表达能力,善于沟通。

④为人正直,工作仔细认真。

⑤具有计算机基本应用能力。

⑥通过汽车制造厂的专职索赔员培训,考核合格并授予上岗证书。

(2)索赔员的工作职责。每一位专职索赔员都是汽车制造厂保修索赔工作的代表,工作职责如下:

①充分理解保修索赔政策,熟悉汽车制造厂保修索赔工作的业务知识。

②对待用户要热情礼貌、不卑不亢,认真听取用户的质量报怨,实实在在做好每一辆提出索赔申请故障车的政策审核和质量鉴定工作。

③严格按照保修索赔政策为用户办理索赔申请。

④准确、及时地填报汽车制造厂规定的各类索赔表单和质量情况报告,完整地保管和运送索赔旧件。

⑤积极向用户宣传和解释保修索赔政策。

⑥积极协助用户做好每一次免费维护和例行维护。

⑦在用户的保修保养手册上记录好每一次保修和维护情况。

⑧严格、细致地做好售前检查。

⑨及时准确地向汽车制造厂索赔管理部提交质量信息报告。重大质量问题及时填写《重大故障报告单》,并传真至汽车制造厂索赔管理部。

2. 各机构工作职责

1)汽车制造厂的工作职责

(1)建立汽车特约服务站,对特约服务站的人员进行培训,帮助特约服务站提高技术水平和管理水平。

(2)向各区域派出汽车制造厂的技术服务代表,检查各特约服务站保修索赔的执行情况,评估各特约服务站索赔员的业务能力。

(3)遇到疑难问题,汽车制造厂将通过函电指导或派代表及技术人员现场提供技术支持。

(4)特约服务站在保修索赔服务中如被发现有欺骗行为(如伪造索赔单等),汽车制造厂将拒付索赔费,并视情节给予罚款处理,直至取消其索赔资格。如造成了严重的社会影响,将追究其责任。

2)汽车特约服务站工作职责

(1)特约服务站是被授权对汽车产品进行保修索赔服务的企业。特约服务站有责任向所有符合保修索赔条件的用户提供满意的保修索赔服务,不得以任何形式与理由拒绝用户提出的正当合理的保修索赔要求。

(2)特约服务站必须按汽车制造厂的规定配置相关的硬件(专用质量鉴定设备、索赔申请提交设备、专职人员、专用仓库等)和软件(电脑管理软件、专业培训、专业鉴定技术等)。

(3)贯彻汽车制造厂保修索赔政策,实事求是为用户提供保修索赔服务,既不可推脱责任,也不可为用户提交虚假的索赔申请。

(4)特约服务站在进行保修索赔工作中,有效的调整和维修是首选的措施,当调整和维修无法达到应有的技术要求时可以更换必要的零件或总成。

(5)特约服务站有责任配合汽车制造厂处理好用户的质量投诉,特约服务站作为汽车制造厂的代表之一,不可推卸用户对质量投诉的责任。

(6)为了提高产品质量,特约服务站应按规定向汽车制造厂索赔管理部提供有效的质量情况反馈。

(7)妥善保管在索赔服务中更换的零配件,严格执行汽车制造厂的索赔旧件管理制度。

3)汽车经销商工作职责

(1)执行汽车制造厂的新车交付验收标准,出现疑问,及时向汽车制造厂反映。

(2)执行汽车制造厂新车仓库管理制度,按规定做好新车维护。

(3)及时向汽车制造厂技术服务代表或汽车制造厂索赔管理部反馈库存车辆的质量信息,避免因延误处理而产生不应有的质量损失。

(4)如果因车辆移动造成的事故,或者因保管不善造成零部件丢失或损坏,经销商应负责将车辆恢复到符合技术标准的状态,不得向用户出售不合要求的车辆。

(5)及时向汽车制造厂反映用户的意见或要求,协助汽车制造厂处理市场反馈的产品质量信息。

(6)帮助汽车制造厂建立与用户的联络渠道,共同提高对用户的服务能力和水平。

(三)保修索赔工作流程

1. 工作流程图

汽车特约服务站的保修索赔工作流程如图7-7所示。

2. 具体工作流程

(1)用户至特约服务站报修。

(2)业务员根据用户报修情况、车辆状况及车辆维护记录,预审用户的报修内容是否符合保修索赔条件(特别要检查里程表的工作状态),如不符合请用户自行付费修理。

(3)把初步符合保修索赔条件的车辆送至保修工位,索赔员协同维修技师确认故障点及引起故障的原因,制定相应的维修方案并审核是否符合保修索赔条件。如不符合保修索赔条件,通知索赔员,请用户自行付费修理。

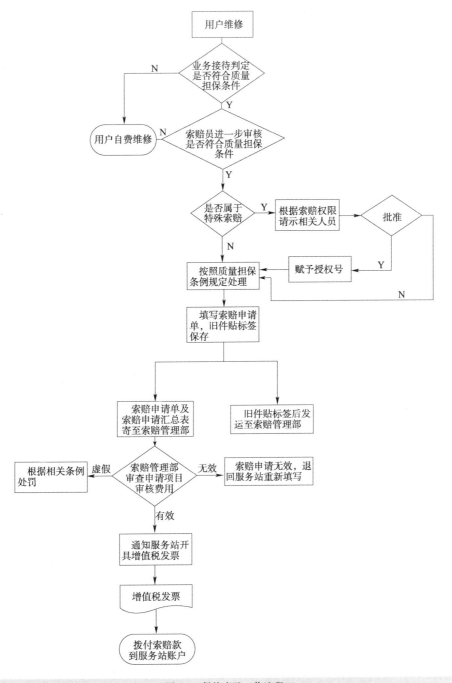

图 7-7　保修索赔工作流程

（4）索赔员在确认用户车辆符合保修索赔条件后，根据情况登记车辆相关数据，为用户分类提交索赔申请。特殊索赔需事先得到汽车制造厂索赔管理部审批通过，然后及时给予用户车辆保修索赔。

（5）保修结束后，在索赔件上挂上"索赔旧件悬挂标签"，送入索赔旧件仓库统一保管。

（6）索赔员每天要统计当天的索赔申请，填写《索赔申请表》，如表 7-3 所示。

索赔申请表　　　　　　　　　　　　　　　表7-3

配件科收单人：　　女士/先生

配件索赔申请单

申请方式
1-多发补款　　2-欠货补发
3-多发退货　　4-欠货退款
5-错发退回　　6-不合格件退回

单位名称：　　　　　　　单位代码：758

领导签字/盖章：　　　　申请单编号：SP

填单日期：　　年　月　日　　　　　　　　　　　　　　第　页（共　页）

序号	配件号	配件名称	订货日期	发货清单号	订货数量	发货数量	到货差异	错发数量	质量不合格数量	单价（元）	原发货方式	1 2 3 4 5 6	备注
	L1C0 807 217 CRU			80012212	4	3	1						

仓库管理员签字：　　　　　　仓库主任签字：　　　　　　配件科科长签字：
　年　月　日　　　　　　　　　年　月　日　　　　　　　　年　月　日

（7）每月一次在规定时间内向汽车制造厂索赔管理部提交《索赔申请表》。

（8）索赔员每月一次按规定时间及规定包装（见索赔件处理规定），将索赔件由第三方物流负责运回汽车制造厂索赔管理部。

（9）经汽车制造厂索赔管理部初步审核不符合条件的索赔申请将予以返回，索赔员根据返回原因立即修改，下次提交索赔申请时一起提交，以待再次审核。

（10）汽车制造厂索赔管理部对符合条件的索赔申请审核完成后，将索赔申请结算单返给各特约服务站，特约服务站根据结算单金额向汽车制造厂索赔管理部结算索赔款。

3. 售前索赔

通过汽车制造厂检验的车辆，还要经过第三方物流、特许经销商、最终用户的各道接车检查，在此期间可能会检查出一些厂方检验遗漏的质量问题，这些质量缺陷的保修属于售前索赔。为了规范新车交接各方检验的程序，分清新车受损的责任方，一般有以下规定：

（1）物流商承接新车时，装车前必须认真做好新车交接检验程序，特别注意油漆、玻璃、外装饰件、内饰、轮胎及其外装饰、随车附件、工具资料等。如发现问题，及时请汽车制造厂销售公司解决。检验合格经双方签字确认后，物流商将负责运输，保证新车的完好，运输途中造成的一切损失将由物流商承担。

（2）经销商承接新车时，必须认真做好新车交接检验程序，特别注意油漆、玻璃、外装饰件、内饰、轮胎及其外装饰、随车附件、工具资料等，检验合格后经双方签字确认。

（3）检验中，发现新车存在制造质量问题，应记录在新车交接单上，经双方签字确认。其中产生的维修费用，由经销商提交售前索赔申请，经汽车制造厂索赔管理部审定后予以结算。

（4）检验中发现新车存在非制造质量问题（如人为损坏、碰撞、异物污染、酸碱侵蚀、附件遗失等），如属物流商责任，由经销商负责修复，维修费用由物流商当场支付，维修费用按索结算。交接双方如存在分歧，由当地区域销售经理和区域服务经理现场核定。如区域销售经理和区域服务经理无法及时到达现场,先在新车交接单上记录下问题(必要时拍摄照片),并经双方签字确认,事后由经销商提交给索赔管理部审定。

(5)检验中,发现新车存有不明原因的问题,在新车交接单上记录下问题(必要时拍摄照片)并经双方签字确认,事后由经销商提交给索赔管理部审定。

4. 配件索赔

用户自行付费且在服务站更换的零部件或总成,在保修索赔范围内出现质量故障,这类索赔情况属于配件索赔。提出这类配件索赔,必须在索赔申请表后附带购件发票的复印件。换件修复后还需要在更换配件的付费发票备注栏内,如实写明当时车辆的累计行驶里程。

(四)索赔旧件的管理

1. 索赔旧件处理规定

(1)被更换下来的索赔旧件的所有权归汽车制造厂所有,各特约服务站必须在规定时间内按指定的方式将其运回汽车制造厂索赔管理部。

(2)更换下来的索赔旧件应挂上"索赔旧件悬挂标签"或"零部件保修标签",如图7-8所示。保证粘贴牢固并按规定填写好该标签,零件故障处需要详细填写,相关故障代码和故障数据也须填写完整。"索赔旧件悬挂标签"由汽车制造厂索赔管理部统一印制,特约服务站可以向索赔管理部申领。

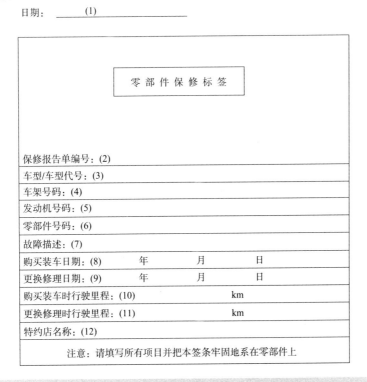

图 7-8 零部件保修标签

(3)故障件的缺陷、破损部位一定要用红色或黑色等不易脱落的颜料或记号笔作出明显标记。

(4)应尽可能保持索赔旧件拆卸下来后的原始故障状态,一些规定不可分解的零件不可擅自分解,否则将视作该零件的故障为拆卸不当所致,不予索赔。

(5)旧机油、变速箱油、刹车油、转向机用油、润滑油脂、冷却液等不便运输的索赔旧件无特殊要求不必运回,按当地有关部门规定自行处理(应注意环保)。

(6)在规定时间内将索赔旧件运回。回运前索赔员需要填写《索赔件回运清单》,注明各索赔旧件的装箱编号。索赔旧件必须统一装箱,箱子外部按规定贴上《索赔旧件回运装箱单》并把箱子封装牢固。

(7)汽车制造厂索赔管理部对回运的索赔旧件进行检验后,对存在问题的索赔申请将返回或取消。

(8)被取消索赔申请的旧件,各特约服务站有权索回,但须承担相应运输费用。

2. 索赔旧件悬挂标签的填写与悬挂要求

(1)应在悬挂标签上如实填写所有内容,保证字迹清晰和不易褪色。

(2)如果遇到特殊索赔,在悬挂标签备注栏内一定要填写授权号。

(3)所有标签应该由索赔员填写并加盖专用章。

(4)保证一物一签,物和签要对应。

(5)悬挂标签一定要固定牢固。如无法悬挂,则用透明胶布将标签牢固粘贴在索赔件上,同时保证标签正面朝外。

3. 索赔件的清洁和装运要求

(1)发动机、变速器、转向机、制动液罐等内部的油液全部放干净,外表保持清洁。

(2)更换下来的索赔旧件必须统一装箱,即相同索赔件集中装在同一包装箱内,并在每个包装箱外牢固贴上该箱索赔件的《索赔旧件回运装箱单》,注明装箱号与索赔件的零件号、零件名称和零件数量,在规定时间由物流公司返运到汽车制造厂索赔管理部。

(3)各个装箱清单上的索赔件种类和数量之和必须与《索赔件回运清单》上汇总的完全一致。

(4)《索赔件回运清单》一式三联,经物流公司承运人签收后,第一联由特约服务站保存,第二联由物流公司保存,第三联由物流公司承运人交索赔管理部。

(五)质量情况的反馈

特约服务站直接面对客户,最了解客户的需求,掌握着第一手的客户信息、质量信息以及客户对汽车制造厂质量、服务评价的信息。所以特约服务站反馈的信息是汽车制造厂提高产品质量、调整服务政策的重要依据。

每一个特约服务站都应该组织一个质量检查小组,由经理带领,会同索赔员、服务顾问、配件管理人员、车间主任和技术骨干,对进入特约服务站维修的所有车辆的质量信息进行汇总研究、技术分析、排除故障试验,并向汽车制造厂索赔管理部定期做出反馈。为提高汽车产品的质量及各特约服务站的维修水平,汽车制造厂售后服务将定期发布技术通讯和召开质量、技术研讨会。同时,汽车制造厂索赔管理部应把质量情况反馈工作作为对特约服务站年终考核的一项标准,并对此项工作做得出色的站点给予嘉奖。

为了让各特约服务站的质量研究工作统一有序地进行,各特约服务站应做好以下工作。

1)重大故障报告。

各特约服务站在日常工作中如遇到重大的车辆故障,必须及时、准确、详尽地填写《重大故障报告单》,立即传真至汽车制造厂索赔管理部,以便汽车制造厂各部门能及时作出反应。重大故障包括:影响车辆正常行驶的故障,如动力系统、转向系统、制动系统的故障;影响乘客安全的故障,如主、被动安全系统故障、轮胎问题、车门锁止故障等;影响环保的故障,如排放超标、油液污染等。

2)常见故障报告和常见故障避除意见。

各特约服务站应坚持在每月底对当月进厂维护的所有车辆产生的各种故障进行汇总,统计出发生频率最高的十项故障点或故障零件。并对其故障原因进行分析,提出相应的故障避除意见。各站需在每月初向汽车制造厂索赔管理部提交上月的常见故障报告和常见故障避除意见。

3)用户情况反馈表。

各特约服务站应在用户进站维修、电话跟踪等与用户交流过程中,积极听取用户对汽车制造厂的意见,并作相应记录。意见包括某处使用不便、某处结构不合理、某零件使用寿命过短、可以添加某些配备、某处不够美观等。各站需以季度为周期,在每季度末提交用户情况反馈表。

4)根据质量保修信息了解供货厂家质量变化。

供货厂家的售后服务部门通过不断收集产品质量信息,通常对产品质量有较全面的了解。例如,日产柴油汽车工业公司对产品质量信息的处理流程如图 7-9 所示。

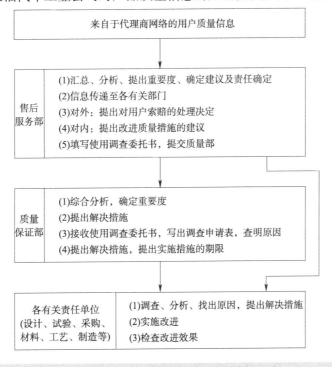

图 7-9 用户质量信息处理流程举例

汽车配件销售员通过查看供货厂家售后服务部门整理的质量保修分析资料,可以较准确地掌握该厂家的产品质量变化动态。

单元小结

（1）整车保修索赔期为从车辆开具购车发票之日起的24个月内，或车辆行驶累计里程40 000km内，两条件以先达到的为准。

（2）整车保修索赔期内，特殊零部件依照特殊零部件保修索赔期的规定执行。

（3）配件保修索赔有期限和条件。

（4）每个特约服务站必须配备一名专职索赔员，专职索赔员的主要工作是保修索赔、免费维护和质量信息反馈。

（5）汽车特约服务站的保修索赔工作流程。

（6）索赔旧件悬挂标签的填写与悬挂要求。

（7）各特约服务站在日常工作中如遇到重大的车辆故障，必须及时、准确、详尽地填写《重大故障报告单》，立即传真至汽车制造厂索赔管理部。

思考与练习

一、填空题

1. 出色的保修索赔工作也是树立品牌形象，为_____赢得市场的重要手段。

2. 整车保修索赔期为从车辆开具购车发票之日起的_____，或车辆行驶累计里程_____km内，两条件以先达到的为准。

3. 在整车保修索赔期内由特约服务站免费更换安装的配件，保修索赔期为_____的剩余部分。

4. 要求每个特约服务站必须配备一名专职索赔员，专职索赔员的主要工作是_____、免费维护和质量信息反馈。

5. 被更换下来的索赔旧件的所有权归_____所有。

二、简答题

1. 配件保修索赔期的要求是什么？

2. 汽车特约服务站的保修索赔工作流程是什么？

3. 对索赔旧件悬挂标签的填写与悬挂要求是什么？

单元八　汽车配件商务策划

学习目标

完成本单元学习后,你应能:
1. 了解汽车配件营业场地布置的注意事项;
2. 掌握汽车配件陈列的基本要求;
3. 了解汽车配件陈列的方法;
4. 了解汽车配件陈列的注意事项。

建议学时:2 学时

在配件市场竞争激烈以及国内配件市场逐步规范的形势下,如何宣传产品、开拓市场、赢得客户青睐、取得良好的信誉,已成为配件商务策划的重要命题,做好商务策划对经销商的生存和发展起着极其关键的作用。

一、营业场地布置

经营汽车配件的营业场地并不需要太大的空间,但需要合理的布置。牌匾要醒目大方、标新立异;橱窗要洁净明亮、装饰新颖;配件、道具陈列以及背景和色彩搭配都要协调统一,给人以整体感,如图8-1所示。同时还应注意以下两点。

图8-1　背景和色彩搭配要协调

(1)要体现本店的经营特色,突出专营配件,如图8-2所示。结合本店的经营范围和特点,灵活地运用一些方法,适当地做夸张处理,如在商店门口放置一个放大的配件模型来增强宣传效果,如图8-3所示。

(2)要在色彩、灯光和图案文字上突出宣传效果。以配件色彩为中心,注意冷暖色调的搭配,一定要衬出配件的主体地位,不要喧宾夺主。适当地运用灯光,如小型霓虹灯,使配件显得高档;而保修、保退等售后服务项目可用文字、图案等形式突出表现,以增强客户对本店的信任,如图8-4所示。

总之,配件经营场地的布置既要体现经销商专业、诚信和务实的特征,又要能为顾客营造一个轻松愉快、充满信任的购物环境。配件经营场地案例,如图8-5所示。

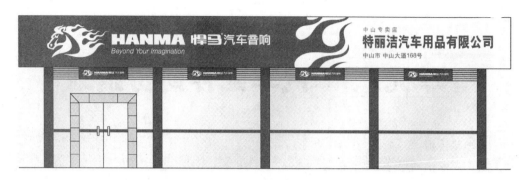

图 8-2 突出专营配件

图 8-3 米其林轮胎专卖店配件模型

图 8-4 突出宣传效果

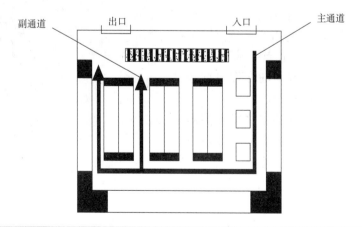

图 8-5 配件经营场地案例

二、汽车配件陈列

在配件销售中,经销商一般会将配件样品陈列出来,这样既能充分展示配件的特点,又能起到良好的宣传作用,从而达到促销的目的。

【案例】 一位女高中生在7-11的店铺中打工,由于粗心大意,在进行酸奶订货时多打了一个零,使原本每天清晨只需3瓶酸奶变成了30瓶。按规定应由那位女高中生自己承担损失,而这意味着她一周的打工收入将付之东流。这就逼着她只能想方设法地争取将这些酸奶赶快卖出去。她冥思苦想,把装酸奶的冷饮柜移到盒饭销售柜旁边,并制作了一个POP(卖点广告),写上"酸奶有助于健康"。令她喜出望外的是,第二天早晨,30瓶酸奶不仅全部销售一空,而且出现了断货。谁也没有想到这个小女孩戏剧性的实践带来了7-11新的销售增长点。从此,在7-11店铺中,酸奶的冷藏柜同盒饭销售柜摆在了一起。

1. 汽车配件陈列的基本要求

配件种类繁杂,其陈列应满足一定的要求。

1)醒目、美观、整齐

所销售的配件品种尽量摆全,摆放要整齐条理、多而不乱、杂而有序。陈列生动化前、后对比如图8-6、图8-7所示。

图8-6 陈列生动化之前

图8-7 陈列生动化之后

2)库有柜有,明码标价

配件要随销随补,不断档、不空架,方便客户选购。

3)定位定量陈列

为了便于选购、取放和盘点,配件陈列的数量和位置不要随意改动,以免混乱,如图8-8所示。

4)分类分等,顺序陈列

按照配件的品种、系列、安装部位和质量等级等陈列,如油类、橡胶类和金属类分开摆放,方便客户选购,如图8-9所示。

图 8-8 定位定量陈列

图 8-9 分类顺序陈列

5）相关配件连带陈列

【案例】"啤酒与尿布"。沃尔玛超市的营销分析家，在统计数据时发现店内的啤酒和尿布的销售量总是差不了多少。一经分析，原来是做了父亲的年轻人在经常给小孩买尿布的同时，自己也捎带买瓶啤酒。于是，这家超市的老板就把啤酒和尿布这两样看起来风马牛不相及的商品摆放在一起。

相关配件连带陈列，使客户受到提醒，有利于配套销售。配件陈列的主要道具有橱窗、柜台和货架等。橱窗多用于样品陈列，适用于规格不同、车型不同以及形状不同的某一类配件，如轮辋等，可突出专营配件的品种；柜台或货架适用于摆放小型配件，如火花塞、油封、传感器、修理包等；对于一些罐装的配件，如机油、清洗剂、制冷剂等也可放在货架上陈列（图 8-10），既省空间又具有广告效应；质量较轻的配件，如传动带、链条和软管等，可挂在墙壁上陈列；而一些大型笨重的配件，如缸体、轮胎（图 8-11）和蓄电池等可放在营业厅的空地上。总之，配件陈列要层次鲜明，分清主次，既要突出特色，又要协调统一、布局合理。

图 8-10 清洗剂、制冷剂的陈列

图 8-11 轮胎的陈列

2. 汽车配件陈列的方法

商品陈列的方法多种多样，但能应用到汽车配件经营企业中的有如下几种方式。

（1）橱窗陈列。这是一种综合性的陈列形式，是利用商店临街的橱窗专门进行陈列样品的展示，大中型零售企业一般由专人设计陈列商品的造型，同时，橱窗陈列也是商业广告的一种主要形式。橱窗陈列一般适用于陈列某一类配件，如不同规格、不同车型、不同形状的轮辋、钢圈，或某一系列喷油泵总成等。这种呈现某一专题的陈列形式，可让顾客知道本店主要经营的品种，如图8-12所示。

（2）柜台、货架陈列。货架、柜台陈列也叫商品摆布。它有陈列、销售、商品更换勤的特点。除无法摆上货架或柜台的商品外，其他商品均可用此法陈列。货架、柜台陈列是销售员的经常性工作，也是商店中最主要的陈列形式。汽车配件中的火花塞、皮碗、修理包等小件商品，较适合此种陈列方式。如图8-13所示。

图8-12 橱窗陈列

图8-13 货架陈列

（3）架顶陈列。架顶陈列是零售商店普遍采用的陈列形式之一，它是在货架上面陈列商品。特点是：占用空间位置少，商品陈列的视野范围较高，顾客易于观看，有充当柜组"招牌"的作用。适用于机油、美容清洗剂等商品的陈列。

（4）壁挂陈列。一般在墙壁上设置悬挂陈列架来陈列商品，适用于质量较轻的配件，如轮辋、传动带等，如图8-14所示。

（5）平地陈列（图8-15、图8-16）。这种陈列是将体积大而笨重、无法摆上货架或柜台的商品，在营业场的地面上设置陈列，特点是能充分利用营业场的空余地方。平地陈列适用于轮胎、蓄电池等配件，陈列时应因地制宜，摆放合理，陈列有序，留有通道，便于销售。

图8-14 壁挂陈列

图8-15 平地陈列1

图8-16 平地陈列2

3. 汽车配件陈列的注意事项

（1）陈列层次。在处理商品层次上，要根据橱窗和柜台、货架的深度来考虑层次变化。一般来说，小商品四、五层，大商品三层就可以了，否则显得杂乱无序。要根据商品的数量、位置、大小、距离，运用穿插、交替、参差等手段变换层次，不能使顾客有"上仰"和"俯视"的不舒服感觉。同时，要注意商品的前后层次，将体积较大的商品布置在后面，体积较小的布置在前面，前后可见，层次分明，鲜艳夺目。不同高度的陈列配件如图 8-17 所示；体积较小的配件上置，大的配件下置，如图 8-18 所示。

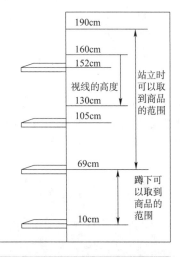

图 8-17 不同高度的配件陈列

（2）陈列的主次。处理好商品的主次关系、疏密与虚实、分组与整体的统一。布置橱窗柜台、货架里的商品，既要有重点，又要有完整性；既要多变，又要统一。如图 8-19 所示。

（3）陈列布局。要依据平面布置的实际情况和空间的大小来安排吊挂商品的高低。

（4）陈列道具的协调。要注意商品与道具的协调，背幕与整个橱窗和柜台、货架陈列的协调，色彩之间的协调。

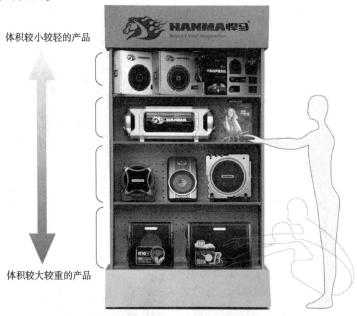

图 8-18 体积较小的配件上置，大的配件下置

4. 利用汽车配件陈列进行宣传

1）在汽车配件组合上突出宣传效果

采用专题商品组合法，将本店经营的特色商品集中陈列，告诉客户本店的主要经营品种，吸引客户走进商店。采用特写商品组合法，运用概括、集中、典型的艺术手法突出宣传某一种商品品种，在造型、色彩上采用适当的夸张处理。例如，在商店门口放置一个解剖的变

速器模型(图 8-20)等,可增强宣传的效果,以吸引客户的注意。当然,商品组合还有其他办法,关键是结合本店的经营范围与特色灵活地选用。

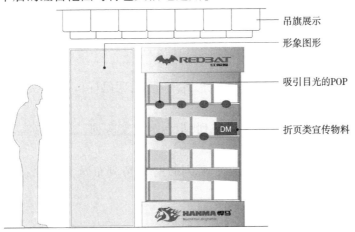

图 8-19 陈列的主次

2) 在设计上突出宣传效果

在色彩、灯光和图案文字的设计上突出宣传效果,如图 8-21 所示。特别是橱窗设计时,合理设计色彩、灯光和新颖的图案文字,可达到意想之外的效果。在色彩设计时,要以商品色彩为中心,注意商品、道具、背景三种色彩的对比和调和,给人以整体感。例如,冷色与暖色相配,使商品更加鲜明耀目,雅致美观。红、橙、黄色为暖色,暖色给人以热烈、辉煌、兴奋的感觉;蓝、青、绿色为冷色,冷色给人以清爽、优雅的感觉。在橱窗里设置小型霓虹灯,可使商品显得高档,以增加宣传的效果,还可以利用阴影来强调商品的主体感。图案、文字是为商品服务的,因此在图案与文字的设计上,既不能喧宾夺主,又要衬托出商品的主体地位。在图案的处理上,尽量不用或少用写实的画面,否则显得杂乱。文字是画面的重要组成部务,文字的运用要简明扼要,浅显易懂,新颖风趣;字体要端正、美观、大方、规范化,力求文字形式与宣传内容相统一。陈列商品主要用黑体、宋体、仿宋体、楷体等几种常用的字体,以及变形字体,如长黑、扁黑、长宋、扁宋、美术体等。例如,黑体字可暗示其强劲有力;美术体字可自行创造,不受约束,与图案融为一体,富于画意;还可以通过文字形式,把商品的效能、特性和(保修、保退等)售后服务项目介绍出来,以激发潜在的购买力,增强消费者的购买信心。

图 8-20 解剖的变速器模型

图 8-21 在色彩、灯光和图案文字的设计上突出宣传效果

单元小结

(1)汽车配件营业场地的布置要体现本店的经营特色,突出专营配件;要在色彩、灯光和图案文字上突出宣传效果。

(2)汽车配件陈列要醒目、美观、整齐;库有柜有,明码标价;定位定量陈列;分类分等,顺序陈列;相关配件连带陈列。

(3)汽车配件陈列的方法有橱窗陈列、柜台与货架陈列、架顶陈列、壁挂陈列、平地陈列等。

(4)汽车配件陈列要注意陈列层次、陈列的主次、陈列布局、陈列道具的协调。

思考与练习

一、填空题

1.经营汽车配件的营业场地需要合理的布置。牌匾要_____;橱窗要洁净明亮、装饰新颖;配件、道具陈列以及_____搭配都要协调统一,给人以整体感。

2.为了便于选购、取放和盘点,配件陈列的_____不要随意改动,以免混乱。

3.质量较轻的配件,如传动带、链条和软管等可_____陈列。

4.平地陈列适用于_____、无法摆上货架或柜台的商品。

5.在图案的处理上,尽量不用或少用_____,否则显得杂乱。

二、简答题

1.怎样利用汽车配件陈列进行宣传?

2.汽车配件陈列的方法有哪些?

单元九　汽车配件管理与商务的电子化

> **学习目标**
> 完成本单元学习后,你应能:
> 1. 掌握汽车配件库存情况查询及汽车配件订货、入库、仓管、出库等程序;
> 2. 掌握汽车配件信息的查询方法。
> 建议学时:8 学时

一、计算机技术在汽车配件管理系统中的应用

1. 汽车配件计算机管理系统的作用与效能

汽车配件车型多,零部件种类繁杂,单靠手工作业管理难以达到科学、准确、快捷的目的,将计算机管理系统应用于汽配企业,已成为必然趋势。

汽车配件计算机管理系统是针对汽配企业产品的购销、配件的进出、账款的结算等业务而专门开发的,包括配件销售管理、配件采购管理、配件仓库管理、应收应付管理等。从事汽车维修的企业其业务中通常都包括配件管理业务,因此汽车维修管理系统也包含了汽车配件管理系统的功能。在实际运用中,大多数汽配企业也使用汽车维修管理系统,并选取其中与配件管理相关的功能。

1)作用

(1)计算机具有信息存储量大、信息处理准确的特点。汽车维修企业和汽配经营企业使用计算机管理系统之后,能充分地实现企业人、财、物和产、供、销的合理配置与资源共享;能加快库存周转,减少采购和运输费用;能减少由于物料短缺而引起的维修工期拖延,确保维修按期完成;能保证企业的财务数据反映实际的成本及企业状况。所以,实行计算机管理是实现企业科学管理的有效手段。

(2)计算机管理可以挖掘企业内部潜力。例如,将计算机用于企业的库存管理,由于网络化的库存管理能够缩短进出货的周期并减少缺货的可能性,因此,可以为按需库存提供准确的信息,减少因库存不当而造成的人力和财力浪费。

(3)实行计算机管理,各车型、故障、工种、员工的技术熟练程度等都可以进行量化,使得在修理报价、竣工结算、工资分配、奖金提成等方面有据可依,既能充分调动员工的积极性,同时也为企业树立规范化管理的良好形象。

2)基本功能

(1)接待报修。计算机自动报出各项修理费用,记录顾客及维修汽车的信息,确定车辆

的维修历史,迅速预报出初步的修理项目和总价,自动记录各接待员的接修车辆。

(2)维修调度。生产调度中心诊断故障、确定具体的修理工艺及项目,安排工作给各个班组,并进行跟踪检验。在车辆进行修理的过程中,计算机跟踪记录各班组具体的维修工艺及材料、设备的使用情况。

(3)竣工结算。在竣工结算时,及时提供结算详细清单,提供与客户车辆有关的各项修理费用、材料领用情况,生成、记录并打印修理记录单,处理修理费用的支付。修理车辆出厂后,车辆修理记录转入历史记录,以备今后使用。跟踪车辆竣工后情况,提供车辆维护信息。

(4)配件管理。计算机系统能完成订货入库、出库及库存管理,对修理车辆领用材料进行跟踪,科学分析各种材料使用量,确定最佳订货量,确定配件管理部门的应收、应付账款,准确保存零部件存货清单等功能。

(5)财务管理。能对生产经营账目(如提成工资、库存总占用)方便灵活地查询、汇总;查询应收、应付账目,及时处理账款;生成当日的营业日报表等。

(6)生产经营管理。企业负责人和管理人员可以随时查询各部门工作情况,对企业内各个工作环节进行协调、检查和监控,查看经营状况;对网络运行环境进行设置,确定各个部门和环节使用权限及密码,保证未经授权的人员不能使用不属于其范围的功能;对修理、价格及工艺流程进行监控;对竣工车辆及时进行车源分析。

3)效能

(1)对车辆维修和零配件销售实行明码标价,代替自由度较大的手工打价,便于企业的标准化管理。

(2)可以即时监控零配件的入库、出库、销售,便于企业做好零配件销售管理,实现合理库存。

(3)可以详细准确地记录客户的基本情况和车辆的技术数据,便于企业做好客户服务管理和车辆维修管理。

(4)可以量化员工绩效,使员工工资和本职工作挂钩,提高员工的工作积极性。

(5)可以记录维修过程中的工艺流程,为车辆维修提供技术参考。

(6)利用互联网,可以索取维修资料、接受维修培训,并可在网上直接进行维修技术的求助及交流,解决维修资料缺乏、技术手段落后的难题。

2. 汽车配件管理软件的种类

现在的汽车配件管理软件大致可以分为三类。

1)汽车配件管理系统

汽车配件管理系统主要承担配件流通管理的功能,根据企业性质的不同,功能也有所区别。配件经销商所用的管理系统主要体现在销售管理、仓储管理以及账目管理三方面。北京西迅公司汽配管理软件即属此类,如图9-1所示。维修企业的管理系统则增加了维修接待管理,该系统又在配件管理系统上增加了两个主要的功能,就是整车销售管理和客户信息管理。

2)汽车配件目录管理系统

任何一个零件都有其相对应的零件编号。零件编号就好比人的身份证一样,每个零件只有唯一的一个编号。我们在描述一个零件的时候,最准确的方法就是用零件编号进行描述。零件编号在订货、库存、销售等各个环节都需要用到。正因为零件编号如此重要,所以人们设计了零件编号目录管理系统。

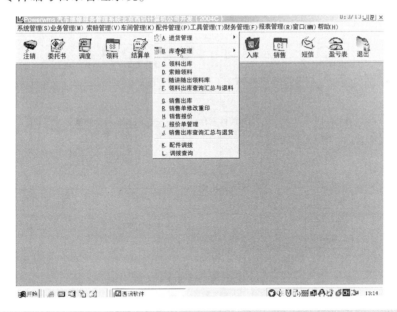

图9-1 西迅汽车配件管理系统

不同品牌的生产厂商都会提供给经销商不同的零件目录系统。例如,日本本田公司提供的是AFD配件目录系统,美国福特公司提供的是Microcat零件目录系统。使用配件目录系统后,配件就可以通过计算机很方便地查询到,并且以装配图等多种方式显示出来,替代了传统的查询零件手册的方式。

3) 汽车配件订购系统

当通过配件管理系统及配件目录系统生成订单后,汽车配件企业就要向供货商订货,把正式的订单发给供货商。这就要用到配件订购系统。供应商通过在网上建立订购系统,实现实时订货。实时配件订购系统除了可以直接向供应商订购零件外,还可以实时查询供应商的库存数量,准确预测零件的到货日期。同时,还可以查询零件的替代状况、零件的价格以及订单的处理情况等。

目前,在已开发并使用的汽车配件综合管理系统中,配件的检索与显示已经做到了三维立体视图,用户可以观察零件的各个细节,配件的目录管理与流通管理、订购管理相结合,功能十分强大。

二、汽车配件库房管理系统

下面以"超越汽车配件管理系统"为例,简要介绍汽车配件管理的相关功能。

(一) 配件业务流程图

超越汽车配件管理系统是基于如图9-2所示的配件业务流程建立起来的。

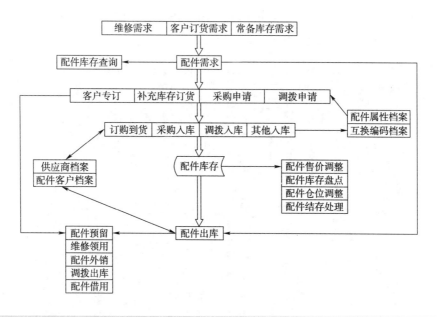

图 9-2　配件业务流程图

(二)配件业务模块功能介绍

1. 订货管理

对于客户维修的需求或购货的需求,库存不足时,所进行的订货为"销售"或者"维修",对于补充常备库存进行的订货为"自订"。在超越汽车配件管理系统中,提供了多种手段来辅助制订补充库存的订货计划,如提供月均销售数、销售历史、在途数(以往订货未到数)、库存数、库存上下限等参考数据,并可根据自己的需要,预设订货数生成公式,让电脑自动算出建议订货数。系统还提供了可以整批生成订单的"自动订货"的功能。"客户专订"或"自订"的订单,先在"请购管理"中录入或产生,并向供应商询价,确认后再与供应商签订正式订货合同。

点击菜单"配件业务"→"订货管理"→"请购管理"进入请购管理模块。点击"增加"按钮新开一张请购单,把所有信息填上之后点击"保存"按钮,确定之后点击"审核"按钮,请购单审核之后"转订货"按钮变成黑色(可用),点击"转订货"按钮之后系统就会生成一张没有审核的订货单。

向供应商提交订单之后,即可点击菜单"配件业务"→"订货管理"→"订购管理"进入订购管理模块。点击"查询"按钮,将已经下订的订货单提取出来,然后点击"审核"按钮将该订单审核。输出电子询价单,即可输出 TXT/Excel/Html 等各种格式的电子文件,方便供应商的电脑系统直接读取。

2. 配件入库

系统提供的成本计算方式有"移动平均""先进先出""后进先出"三种成本管理模式。

1)采购入库

现货购买或供货时间很短的进货业务,通常用"采购入库"处理。

点击菜单"配件业务"→"入库管理"→"采购入库"进入采购入库模块。具体操作和请购管理相同。入库单审核之后要到"财务结算"模块中进行结算。

"从 Excel 导入到货清单":能把外部电子文件整批录入进库单。

"整批调价":提供能按 FOB 价、成本价等整批调整进库单的成本价、售价等。

"从库存中提取配件入库":能展开库存,调取相应的记录,入库审核时能合并到所选的库存记录中。这个功能适合于将非均价下因入库退货造成的库存负数冲掉,一般不建议使用。

2）订货入库

订货单中货物到货时,应通过"订货入库"处理(图9-3)。该模块提供了可从订货单成批或逐个提取到货记录的功能,并在审核时能自动将已到数写到原订单中,更新在途数;而为客户专订的到货记录即会自动转为预留出库单,并将到货数写入库存预留数中。

图9-3　订货入库

点击菜单"配件业务"→"入库管理"→"订货入库"进入订货入库模块。点击"增加"按钮新开一张订货入库单,然后再点击"提取"按钮将已经到货的订单提取出来。如果实到数和订货单上的数量或品种有差异,可点击"修改"按钮对订货入库单进行修改（一张订货单可以多次入库）,完成之后点击"审核"按钮,到货配件就会马上加入库存中,同时更新订单的已到货数。入库单审核之后要到"财务结算"模块中进行结算。

3）赠送入库

他人赠送的货物入库,应通过"赠送入库"处理。没有成本产生的入库可通过此功能来完成,具体操作与请购管理相似。

4）代销入库

在代销业务中,超越系统引入"代销库存"的概念,库存中每条记录都设置了一个"是否代销"的标记,当代销入库的货物更新库存后,会在库存中自动增加一条新的记录,并在"是否代销"标志上打上"√",这样可以区别于本单位的库存,亦可作为查询、统计时代销货物的识别标记。

在"代销入库"更新库存后,会根据入库供应商产生代销往来账,方便本单位跟代销单位进行代销结算,具体可以点击"财务管理"→"受托代销往来账"→"受托代销结算"进入受托代销结算模块进行操作。

5）其他入库

上文提到的四种入库方式之外的入库可通过此功能来完成,具体操作同请购管理。以

下为其他几种入库方式的说明。

(1)调拨入库:主要应用于与分公司或上级公司之间的货物调拨。

(2)借用入库:适用于同行之间的拆借业务。

(3)初始入库:适用于超越系统初期,建立库存账。

6)入库退货

如货物入库并且审核后发现有质量等问题,要退给供应商,或发现录入错误,应立即进行入库退货处理。退货的提取方式有两种:一种是"整单提取",一次性把入库单中的记录全部提取过来进行退货处理;另外一种是"逐项提取",以入库明细进行提取。每种入库方式对应一个入库退货。

点击菜单"配件业务"→"入库管理",再根据需要退货的货物的入库方式选择相应的入库退货模块,具体的操作与订货入库相同。

3. 出库管理

1)领料出库

领料出库是解决正在维修中的配件出库业务。依据在修的工单号、自编号,或通过提取在修工单出库,已完工的工单不允许出库。维修出库结算分为客账(客户自己付账)、内部账(本公司承担)、索赔账(向保险公司索赔)、保险账,分别用 C、I、W、P 表示,可预先设定各账类对应的配件价格公式,设定后,将所选定的账类按价格公式带入,计算出销售价格。

下列几种情况系统会出现提示:当录入的价格低于成本价时;当录入的价格低于参数预设的警戒毛利率时;当该零件设定了特价标记时;当操作员提供的折扣率超过权限分配中设定的最大折扣率时。具体操作与入库相同,出库的金额将在维修工单中和工时费一起结算。

2)销售出库

销售出库是解决配件直接销售的业务。外销的配件通过此模块出库,具体操作与入库相同。销售出库单审核之后要到"财务结算"模块中结算。

3)调拨出库

调拨出库是解决配件调拨出库的业务,如上下级或分公司之间调拨。它提供了将调拨单导出电子文件的功能,但在调拨入库中暂未提供导入相应的电子文件的功能,这将在以后的升级版中提供。

4)预留出库

预留出库是解决客户要求预留配件或未结算的出库业务,也可用于维修预留。客户专订的到货配件将自动生成预留单。当客户确定发生销售或维修领用时,可将其转为销售单或领料单。具体操作与入库相同。

5)借用出库

借用出库是解决维修工借用或同行拆借的业务。当确定发生销售或维修领用时,可将其转为销售单或领料单,具体操作与入库相同。

6)出库退货

出库退货和入库退货一样,也是每种出库方式对应一个出库退货模块,操作方法与入库退货相同。

4. 库存管理

超越汽车配件管理系统的库存结构,由库存主表及库存子表组成。为了解决非均价(移动平台)、先进先出或后进先出的管理需要,在库存子表中,同一货物/编码有可能存在不同进价、不同进货时间、不同供应商、不同批次或不同仓位的多条记录。为了方便查询,专门设计了库存主表,存放每种货物/编码的库存总数,为了解决库存移动平均模式造成的小数点误差问题,系统还在库存主表中设计了库存成本金额字段。入库时,将入库成本金额加上去,出库时减成本金额,当最后一个配件出库时,系统自动将剩余的库存金额一起减去,并带到出库成本价中。

系统提供客户所需的库存信息如下:

(1)可售库存数:可以直接销售的库存数量。

(2)预留库存数:为客户预留的库存数量,或者为了应急而预留起来的安全库存。

(3)借用库存数:借出的库存数量。

(4)成本价:入库时更新,不能做手工调整,请参见入库关于库存管理模式的说明。

(5)FOB价、售价、批发价、调拨价:入库时写入,但可以手工调整。

(6)最近入库时间:最近一次入库时自动写入,可通过它了解配件的库龄。

(7)最近销售时间:最近一次销售或领料出库时自动写入,可通过它了解库存的配件不流动时间。

(8)仓位:入库时写入,但可以手工调整。

(9)批次:入库时写入,适合按批次管理的配件企业。

(10)供应商:入库时写入,可记录每次入库的不同供应商。

(11)是否代销:入库时写入,可将代销及自己的库存分开。

1)库存浏览

库存浏览其实也是一个查询的模块,根据条件可以查询出想知道的配件的账面数、销售价等信息。

点击菜单"配件管理"→"库存管理"→"库存浏览"可进入库存浏览模块。

2)整批调价

此模块提供对库存及属性进行整批调价的功能,所调的价格包括"零售价、批发价、调拨价、FOB价、备用售价1/2/3/4/5",但不能对"成本价"进行调整。

如需要对某一批具有共性的配件进行调价,可用该模块进行处理。

点击菜单"配件管理"→"库存管理"→"价格调整"可进入价格调整模块。进入该模块之后点击"增加"按钮新开一张调价单,然后按"提取零件"按钮,在弹出的提取零件对话框输入条件,将相应的配件提取出来;把需要调价的配件提取出来之后点击"调价"按钮,系统会弹出调价设定对话框,在公式项目栏上部可以看到字母"A""D""E"3个字母分别代表的三个价格,在公式项目栏下部可以看到生成调价公式的规则;在调价公式栏输入调价的公式,如需要在原来零售价的基础上将零售价调高20%就应该输入"A×1.2",在公式栏下面的注释栏就可以看到相应的"零售价×1.2"。设好调价公式之后,点击"确定"按钮,调价单上的所有配件的零售价就会被调高20%;点击"保存"按钮。确定这次调价正式生效之后点击"审核"按钮,新的价格就正式生效了。

3）移库管理

此模块用于库位的调整。仓库内部货物的移动称为"移库"，在"移库管理"模块中，将先生成申请记录，再通过审核才生效，实现了较规范的管理流程。

点击菜单"配件管理"→"库存管理"→"移库管理"就可以进入移库管理模块。如需要将一批配件从 A 库位移到 B 库位，可新开一张移库单把需要移库的配件提取出来，输入将要移到的目的库位再"保存""审核"。详细的操作步骤可参照价格调整。

4）库存盘点及盈亏管理

因库存账面数与实物数存在差异，需要对库存账面数进行调整，这种调整称为"库存盈亏"。在本系统的"库存盈亏"模块中，将先生成盈亏申请记录，通过审核后才更新库存，实现了较规范的管理流程。

企业经营配件一段时间后，有时会发生一些人为的失误，如把配件的位置放错或者多发配件等，有时人为损坏或盗窃，造成了库存的账面数与实物账对不上，所以要进行库存的盘点。定期执行库存盘点有利于及早发现问题，并保证库存账的准确。

通常，许多企业的盘点工作一般都要停止营业来进行。因为，如果在营业中盘点，货物不断发生进出变动，会影响盘点的正确性。对于某些库存品种较多的企业，利用加班时间盘点可能无法完成全部的盘点工作，个别企业每天都盘点当天发生进出的品种，然后在年底进行一次总的盘点。传统的盘点工作要通过停止营业来进行，能否突破这个问题，在营业中进行盘点呢？我们曾考察过一些国外企业，发现其中许多企业都在营业中进行盘点，原因是国外企业安排加班比较困难，即使安排加班，企业也要付出很大的代价。超越系统解决了这个问题，并提出了"动态盘点"的概念。解决的原理是，将库存所有的盘点记录拆分为许多小份，每天（营业中）完成一小份，当天完成时，利用系统的扫描功能将当天发生进出的货物剔除，放到明天再盘，而当天没有发生进出的货物即可审核通过。如此循环，便可全部完成。

点击菜单"配件管理"→"库存管理"→"库存盘点及盈亏管理"进入库存盘点及盈亏管理。先点击"增加"按钮，"盘点零件"按钮就会马上变成黑色（可用），否则为灰色（不可用）。再点击"盘点零件"按钮，将库存的配件清单打印出来。盘点完成之后，如有配件的实点数与账面数不符，就在盈亏单上输入这些配件的实点数和账面数，系统会自动算出盈亏数，盈亏原因是必填的。完成所有工作之后点击"保存""审核"按钮，盈亏单上的配件可售数就会自动更新。相关操作界面，如图9-4所示。

名称	型号	单位	分类	可售数量	预留数量	借用数量	库存成本金额	属性备注	规格	产地	不含税成本金额	店名	销售价
变速操纵器总成	STN	套		0	12	0	440			联合	1440	002	0
变速操纵器（2000 五挡）	2000 型	套		34	0	0	750			联合司	12971.7	002	0
全车线束24束（2000型）	2000型	套		12	0	0	476			联合司	1392.45	002	184.5
线夹子				10	0	1	100				940.17	002	150
自装线束用的工具	JT	个		12	0	0	476			一汽	1392.45	002	184.5
自装线束用的工具	JT	个		10	0	0	340			一汽	12340	002	0

图9-4　库存盘点及盈亏管理

5）库存修改

在超越汽车配件管理系统中，某些信息可以直接修改，如可直接修改"名称""型号"等属性,或修改"零售价""FOB价""批发价"等,或修改"仓位",系统还提供了直接修改"库存可售数""成本单价"和自动产生盈亏记录的功能。

6）工具管理

该模块可以解决一些非配件物品的库存管理,例如维修企业中的维修工具、设备、书籍、文具等物品。

点击菜单"配件管理"→"工具管理"可进入相应的工具管理模块。具体的操作方法可参照配件部分。

7）进出流水账

发生影响库存数量的进、出、退货、盈亏等业务时,系统会自动将该业务的情况、发生时刻及发生后的结存记录到"进出流水账"中,方便核对库存进出。

8）结存管理

超越系统提供了每月结存处理的功能,它能产生当月结存总账及结存明细账。结存报表包含"上月结存、本月进货、本月出货、本月盈亏、本月结存"等信息。理论上,上月结存 + 本月进货 − 本月出货 + 本月盈亏 = 本月结存。该报表要求保存下来,作为下月结存的依据。

9）标签打印

该模块能将仓库货物或入库货物的编码自动转换为条纹码,并连同数量、名称、仓位等打印在均匀分布的粘贴纸上,然后粘到货物上或货架上,便于出货或盘点时能用条码光枪来识别。

10）仓库库存账

在一般的管理系统中,只提供了一个业务库存账,即业务开单审核后即更新库存,以便给业务运作提供即时的库存数。但是,对于仓库管理人员,业务库存账却不能提供确实的实物账,如业务开单审核,扣减了库存但客人尚未提货,那么实际的货物数就会多出来。

对于管理要求较高的企业,已经意识到该问题,它们往往是另外在仓库多安装一套系统,在实际货物发生进出时重新输入一次,以确保仓库库存账的正确。但这样会给仓库的工作带来很多麻烦。另外,超越系统还提供了仓库实物账模块,并提供了能将业务单据提取到仓库账中直接审核仓库实物账的功能,简化了仓库的工作。

11）仓库库存审核

超越系统提供了通过提取业务单据来审核仓库库存的功能。

12）仓库账与库存账的比较

超越系统提供了自动比较仓库实物账与业务库存账之间差异的功能,将有利于监督和及时发现漏洞。

5. 基础资料

1）零件属性

此模块主要用于整理配件的属性,如"编码、名称、车型、产地"等信息。在整个配件管理部门的日常运作中,许多地方都需要用到零件属性。该模块的操作方式主要有"增加""修改""删除"等。

点击菜单"配件业务"→"基础资料"→"配件属性定义",可进入配件属性定义模块。

2）个别属性说明

个别属性说明如表9-1所示。

个别属性说明　　　　　　　　　　表9-1

属　　性	说　　明
编码	零件的标准编码不能为空,货物的条纹码可录入该处
自编码	除厂家标准编码外,自己编制一套编码,易于识别
产品程度代码	分"原材料""半成品""成品""套装"
分类	用于配件的分类,如"发动机件/车身件"等
关税代码	用于进口业务,不同的关税代码对应不同的关税率
成套用量	指一完整货品的用量,如一辆车的车轮,即为4
库存量最低、最高警戒线	用于及时补充库存或保证合理的存量
最低订货量	指每次订货厂家的包装供应量,通常由包装决定
库存标准数量	指平常库存的安全保有量
停止订货标记	如厂家停止生产或公司不打算订该配件,可打上标记
按包装订货标记	与"最低订货量",一起配合使用
必存件标记	某些不能缺货的配件,需打上标记
成本价	在这里不提供编辑,库存变化时将连带更新
售价、批发价、调拨价	修改时将连带库存的价格一起修改
最低销售限价	设定后,在出库中,销售价将不能低于该限价
FOB价	指进口业务中的离岸价,也可用于非进口业务中的出厂价
FOB币别	指离岸价的外币币种,如日元等
优惠率代码	用于促销的预定优惠折扣
FOB折扣代码	有些厂家会对某些配件让折扣,可录入
特价标记	打上标记后,出库时的销售价将不能改低
备用售价	用于特别的客户或特别的业务时的销售定价
初次入库时间	在这里不提供编辑,首次入库时将自动更新
最近销售时间	在这里不提供编辑,每次销售时将自动更新
图文属性	可设定配件图形的文件名,或录入更多的文字说明

3）互换编码

厂家因配件更新材料等原因会更改编码,或者某型号的配件能通用到其他型号上,这些能互换使用的编码称互换编码,超越系统提供了自动识别互换编码的功能。

4）配件客户档案

此模块用于管理配件客户的档案,具体操作和"配件属性定义"相同。

5）配件供应商档案

此模块用于管理配件供应商档案,具体操作和"配件属性定义"相同。

6）基本资料

(1) 流动级别。因机械特性或市场原因等,不同的配件,其销售量会有所不同,建议根据其销售量划分为不同的级别来管理,如表9-2所示。

流动级别　　　　　　　　　　　　　　　　　　　　　　　表9-2

级　　别	月销售量(件)	描　　述
A	0	慢流件
B	1~50	慢流件
C	51~100	中流件
D	101~500	快流件
E	501以上	快流件

对于快流件,应多备货;对于慢流件,因积压资金时间长,加价率应高一些。这就牵涉价格的问题,所以建议在每个流动级别再根据价格细分为二维的级别。

(2)价格级别。可以对配件分不同的价格级别来管理,以方便调价,如表9-3所示。如已设定了价格级别对应的加价率,并在配件属性中设定了每个配件所属的价格级别,在调价时即可自动调用对应的加价率。

价格级别　　　　　　　　　　　　　　　　　　　　　　　表9-3

价格级别	根据FOB价计算零售价比率	根据成本价计算零售价比率
JG01	0.15	1.20
JG02	0.10	1.10

6. 统计及分析

对于配件的经营者,通常会从"进货、销售、成本、利润、库存、客户"的角度来考核企业的经营管理状况。在超越系统中,提供了按以上各个角度帮助使用者分析的功能。

1)配件进出、利润及结存情况

进入"决策分析"的"配件统计",将能看到统计并分析以下的业务,如表9-4所示。

配件进、出、利润及结存情况　　　　　　　　　　　　　　表9-4

类别	统计名称	统计范围	统计方式	统计结果
进出	配件进出报表	任意	指定统计的日期,有往来配件,所有配件	编码、名称、分类、产地、型号、采购入库数、订货入库数、初始入库数、调拨入库数、借用入库数、赠送入库数、其他入库数、维修出库数、销售出库数、借用出库数、调拨出库数、其他出库数、委托代销出库数、总出库数、库存数
利润	配件销售日统计	任意	销售日期	单数、销售额、成本、利润、毛利润
结存	材料进销存分类汇总统计	任意	指定统计日期	分类、上期结存、购货、盘盈、其他类型入库、进库合计、原厂索赔出库(成本)、原厂索赔出库(售价)、非原厂索赔出库(成本)、非原厂索赔出库(售价)、销售出库(成本)、销售出库(售价)、维修及销售小计(成本)、维修及销售小计(售价)、其他出库领用(成本)、其他出库领用(售价)、盘亏、其他出库小计(成本)、其他出库小计(售价)、其他类型出库(成本)、其他类型出库(售价)、出库合计(成本)、出库合计(售价)、期末结存

2)自定义统计

除上面专门设计好的分析统计外,用户可能还需要做其他的统计分析。系统提供了一套非常强大的自定义统计工具,来满足用户的需求。用户可以指定本系统任意一种或多种关联的业务数据作为统计对象,任意指定统计的范围,任意指定一个或多个组合并列,并可用被统计业务对象的数据元素作为统计结果。如将这些设计好的规则保存起来作为模板,以后即可随意调用。

以下列出预先设计好、与配件业务有关的"统计模板",供使用及参考。

进入"决策分析"中的"自定义统计",如表9-5所示。

自定义统计   表9-5

类别	统计名称	统计范围	统计(合并)方式	统计结果
订购	订购合同	任意	日期、供应商	单数、数量、FOB额、供货额
入库	采购入库 订购入库	任意	采购员、供应商、品名、支付方式、月份	单数、数量、FOB额、成本额
出库	销售总额——排行榜	任意	日期、月份、客户、操作员	单数、数量、FOB额、成本额、利润
	销售明细账——排行榜 领料明细账	任意	品名、品种、型号、分类	单数、数量、FOB额、成本额、利润
	调拨出库、其他出库	任意	日期	单数、数量、FOB额、成本额、利润
库存	库存明细账	任意	品名、品种、型号、分类、供应商	项数、数量、成本额、FOB额
定义	往来客户	任意	地区、类型	数量

3)补充数量

系统提供了对以上统计所得的数据生成饼形、柱形、线形分析图的功能,并可以导出Excel、Word、TXT文件,非常直观方便。饼形分析图如图9-5所示。

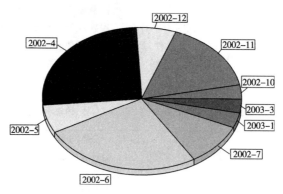

图9-5 饼形分析图

7.配件业务查询及列表

对于配件业务人员或经营管理者,除了做统计工作外,还要经常查询或打印原始的业务数据,本系统从以下两方面满足使用者的需求。

1）专用的查询列表

进入"决策分析"中的"配件分析"进行查询,如表9-6所示。

配件专用查询 表9-6

查询名称	查询方式	查询结果
超储零件	指定零件/型号/分类	编码、名称、单位、型号、规格、产地、属性备注、分类、厂牌,库存成本金额、成本单价、零售价,库存数量、库存最高警戒数、超出百分比
短缺零件	指定零件/型号/分类	编码、名称、单位、型号、规格、产地、属性备注、分类、厂牌,库存成本金额、成本单价、零售价,库存数量、库存最高警戒数、超出百分比

2）自定义查询

上面的配件专用查询是不能满足所有维修业务需求的,因此系统提供了一套非常强大的自定义查询工具,以满足用户。用户可以指定本系统任意一种或多种关联的业务数据做查询对象,任意设定一个或多个查询的条件,任意设定查询的结果。如果将这些设计好的规则保存起来,以后则可随意调用。以下列出预先设计好、与配件业务有关的"查询模板",供用户使用及参考。

进入"决策分析"的"自定义查询",如表9-7所示。

配件自定义查询 表9-7

类别	查询名称	类别	查询名称
定义	配件属性	订购	订购合同单身
	配件往来客户档案		订购合同单头
库存	结存明细账查询		请求订货单身
	结存总账查询		请求订货单头
	库存总账查询	统计	日营业统计——采/订购入库
	库存明细账查询		日营业统计——库存
	受托代销库存明细账查询		日营业统计——其他出库
	库存进出流水账		日营业统计——其他入库
	盘点记录查询		日营业统计——外销
	库存盈亏查询		配件月流量查询
入库	各类型入库	其他	应付款查询
	各类型入库退货		应收款查询
财务	日统计——应收应付		日营业报表查询
	日报表——所有业务		日营业统计——应收应付
	出纳流水账		日营业报表统计
	受托代销结算单身		受托代销往来账
	受托代销结算单头	财务	应付明细
出库	各出库类型出库		应付余额
	各出库类型的出库退货		应收明细
			应收余额

8. 财务结算

此模块用于处理配件入库/出库过程产生的财务。具体操作请参照软件中的帮助文件。

三、汽车配件电子商务应用

作为新一代的信息存储与交换的媒体,互联网为汽车配件行业的发展创造了新的契机。网络进入配件领域的势头甚至超过了20世纪80年代计算机在配件行业的快速普及。实践证明,只要信息技术有新的发展,都会带动汽车配件行业的进步,其原因何在呢? 让我们以一个实际例子来说明。

2003年初,某配件销售人员接到黑龙江省一个会员维修站的电话,希望帮助订购1986年款 BMW(宝马)530i 轿车的发电机,并提供了详细的配件编号和参考价格。这款车型非常老,很少有人经营其配件,他是怎样知道这么详细信息的呢? 原来,该客户在中车在线的网络配件数据库中查到了该配件的详细信息,还根据其美元价格预估了售价。销售人员便与蓝霸(NAPA)中国公司进一步联系了订货事宜,确认了零件编号和售价(与客户预估价格十分接近),并通过蓝霸(NAPA)的网络订货系统(TAMS)下了订单。三周后,该配件从美国空运到客户手中。

配件查询与配件库房管理的电子化普及,为配件商务的电子化奠定了良好的基础,同时网络的电子商务技术的日趋成熟和为配件商务的网络化提供的技术支持,使客户完全可以通过电子商务交易平台实现配件的直接订货、直接付款等。

客户(如二级配件批发商、汽车维修企业等)可以通过互联网登录到网络化的电子配件商务平台,使用网络化的电子配件查询系统查找本企业需要采购的配件,订购自己所需的配件,并向配件供货商发送配件电子订单。

配件经销商在收到用户的电子货单以后,同样通过互联网向用户发送订货处理结果通知单,同时可以在通知单中告诉用户货款的交付方式等要求,如将企业的电子银行账户也一并告诉用户。用户在收到配件订货的电子通知单后,又可以通过网上电子银行将配件货款划拨给配件经销商,这就完成了整个配件采购工作。

1. 电子商务基本概念

电子商务就是以电子形式进行的商务活动。经济活动主体之间利用现代信息技术和网络技术(含互联网、移动网络和其他信息网络)开展商务活动,实现网上接洽、签约、支付等关键商务活动环节的部分或全部电子化,包括货物交易、服务交易和知识产权交易等。

2. 电子商务的优点

(1)电子商务将传统的商务流程数字化、电子化,让传统的商务流程转化为电子流、信息流,突破了时间、空间的局限,大大提高了商业运作的效率,并有效地降低了成本。

(2)电子商务是基于互联网的一种商务活动,互联网本身具有开放性和全球性的特点,电子商务可为企业和个人提供丰富的信息资源,为企业创造更多商业机会。

(3)电子商务简化了企业与企业、企业与个人之间的流通环节,最大限度地降低了流通成本,能有效地提高企业在现代商业活动中的竞争力。

(4)电子商务对大中型企业有利,因为大中型的企业需要买卖交易活动多,实现电子商务能更有效地进行管理和提高效率。对小企业而言,因为电子商务可以使企业以相近的成本进行网上交易,这样使中小企业可能拥有和大企业一样的流通渠道和信息资源,极大提高了中小企业的竞争力。

(5)电子商务将大部分的商务活动转到互联网上进行,企业可以实行无纸化办公,节省了开支。

3. 电子商务的分类

1)商业机构之间的电子商务(B2B)

商业机构对商业机构的电子商务指的是企业与企业之间进行的电子商务活动。这一类电子商务已经存在多年。特别是企业通过私营或增值计算机网络采用EDI(电子数据交换)方式所进行的商务活动。

2)商业机构对消费者的电子商务(B2C)

商业机构对消费者的电子商务,指的是企业与消费者之间进行的电子商务活动。这类电子商务主要是借助于国际互联网所开展的在线式销售活动。随着国际互联网的发展,这类电子商务也得到了迅速发展。目前,在国际互联网上已出现许多大型超级市场,所出售的产品一应俱全,从食品、饮料到电脑、汽车等,几乎包括了所有的消费品。

3)消费者对行政机构的电子商务(C2A,也称为C2G)

消费者对行政机构的电子商务,指的是政府对个人的电子商务活动。这类的电子商务活动目前还没有真正形成。政府随着商业机构对消费者、商业机构对行政机构的电子商务的发展,将会对个人实施更为全面的电子方式服务。政府各部门向社会纳税人提供的各种服务,例如,社会福利金的支付等,将来都会在网上进行。

4)商业机构对行政机构的电子商务(B2A,也称为B2G)

商业机构对行政机构的电子商务指的是企业与政府机构之间进行的电子商务活动。例如,政府将采购的细节在国际互联网上公布,通过网上竞价方式进行招标,企业也要通过电子的方式进行投标。除此之外,政府还可以通过这类电子商务实施对企业的行政事务管理,如政府用电子商务方式发放进出口许可证、开展统计工作,企业可以通过网上办理交税和退税等。

对于汽车配件行业,B2B和B2C作为最常见的两种电子商务形式,应用于配件生产商(或经销商)与经销商,以及经销商与客户之间的营销活动。

4. 汽车配件电子商务的应用

电子商务的应用非常广泛,如网上银行、网上炒股、网上购物、网上订票、网上租赁、工资发放、费用缴纳等。

汽车配件行业的电子商务,最关键的就是各种信息(供求、价格等)的共享、实现在线采购和所谓的"零库存"概念。

传统的配件行业信息交换是通过专业的报纸、杂志期刊、电话等方式实现的,由于这类媒体的地域、渠道和时间限制,使得信息总是封闭在一个相对较小的范围内,包括配件基本信息和供求信息等。这样就会出现用户急于订购配件但无采购渠道，而某些经销商又苦于配件长期积压的情况。另外，由于供求信息的相对封闭，使得配件营销环节增加，导致最终销售价格较高，如图9-6所示。

图9-6　无电子商务下的配件销售

当各种配件信息通过网络全面公开后，"客户找商家"将变得更加简单，同时也出现了"商家找客户"的情况。

成熟完善的电子商务网站，可以直接进行网上交易，即在网上选择所需要的配件，生成订单，发送给网站的商务处理中心或者供应商，并通过网络或银行汇款进行支付，货方就通过物流系统将所订购的配件发送给客户（图9-7）。

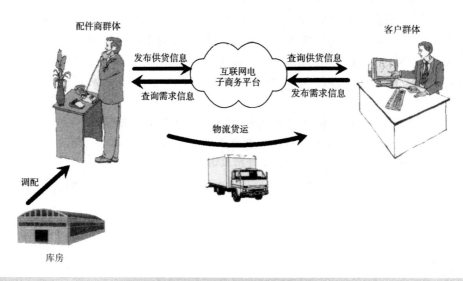

图9-7　汽车配件电子商务简易模型

单元小结

（1）汽车配件管理系统是针对汽配企业产品的购销、配件的进出、账款的结算等业务而专门开发的，包括配件销售管理、配件采购管理、配件仓库管理、应收应付管理等。

（2）汽车配件管理系统包括汽车配件管理系统、汽车配件目录管理系统和汽车配件订购系统。

（3）超越汽车配件管理系统的使用。

（4）电子商务就是以电子形式进行的商务活动。经济活动主体之间利用现代信息技术和网络技术（含互联网、移动网络和其他信息网络）开展商务活动，实现网上接洽、签约、支付等关键商务活动环节的部分或全部电子化，包括货物交易、服务交易和知识产权交易等。

思考与练习

一、填空题

1．汽车配件管理系统的基本功能是_____、_____、竣工结算、配件管理、_____和_____。

2．汽车配件管理系统包括_____、_____和汽车配件订购系统。

二、简答题

1．汽车配件管理系统有什么作用？

2．电子商务分为哪几类？

附录一　全球著名汽车零部件商

1. 德尔福汽车系统公司(Delphi)

德尔福汽车系统公司是世界上最多元化的汽车系统和零部件供应商。其三大产品系列包括:动力和推进德尔福能源及底盘系统(德尔福沙基诺转向系统)、安全、热工和电气结构(德尔福内饰系统,德尔福派克电气系统,德尔福哈里森热系统)、电子与移动通信(德尔福德科电子系统)。这些产品几乎涵盖了现代汽车零部件工业的主要领域。德尔福目前在41个国家设了176家全资制造厂、42家合资厂、53个客户服务中心和销售代表处,以及32个技术中心,单是在中国就有11家生产型企业。德尔福标志如附图1-1所示。

附图1-1　德尔福标志

2. 罗伯特-博世公司(Bosch)

博世有限公司是向各汽车制造厂家提供各类汽车零配件的全球领先汽配供应商之一。博世汽配售后市场主要负责全球范围内用于汽车售后市场的博世品牌汽车零配件分销业务。其产品包括:发动机管理系统、安全系统、电气装置、燃油喷射技术及检测设备。同时,它也向汽车业主提供快速、优质的售后服务。德国博世公司提供全系列汽车维修检测设备,包括智能电脑发动机综合分析仪、电脑解码器、废气分析仪、制动试验台、四轮定位仪、电子与照明系统检测设备、安全性能检测线、柴油部件检测仪、底盘测功机及汽车维修信息资料库等,应用于不同的范围,完全可以满足当前维修行业的要求。博世标志如附图1-2所示。

3. 伟世通公司(Visteon)

伟世通公司是一家全球领先的汽车零部件供应商,为全球汽车生产厂商设计和制造创新的空调系统、汽车内饰,以及包括照明在内的电子系统,并提供多种产品以满足汽车售后市场的需求。伟世通公司是全球第二大汽车零部件供应商,位居世界500强企业前列。总部位于美国密歇根州的伟世通在全球拥有81000名员工,制造工厂、技术中心、销售中心和合资企业遍布世界各地。伟世通标志如附图1-3所示。

附图1-2　博世标志

附图1-3　伟世通标志

4. 日本电装公司（Denso）

日本电装公司是丰田汽车集团公司下属的最大零部件生产企业，成立于1949年。在2017年世界500强企业中排名236位，虽然在国内的知名度不如爱信，但体量比爱信更大。作为提供汽车前沿技术、系统以及部件的顶级全球供应商之一，电装在环境保护、发动机管理、车身电子产品、驾驶控制与安全、信息和通信等领域，成为全球主要整车生产商可信赖的合作伙伴。电装公司提供多样化的产品及其售后服务，包括汽车空调设备和供热系统、电子自动化和电子控制产品、燃油管理系统、散热器、火花塞、组合仪表、过滤器、产业机器人、电信产品以及信息处理设备。日本电装公司标志如附图1-4所示。

5. 李尔公司（Lear）

1917年，李尔公司成立于底特律，目前已经成为世界上最大的汽车零部件厂家之一。李尔集团总部位于美国密歇根州的南菲尔德市。李尔公司在汽车内饰系统的集成模块技术方面处于世界领先地位。李尔公司的业务包括车身系统、零部件、组装部件外部与内部放射镜、玻璃系统、汽车仪表板、塑料车身面板、外部装饰部件与系统、密封系统、照明部件、各种动力传动系统零部件以及完整机动车的组装。李尔公司标志如附图1-5所示。

附图1-4　日本电装公司标志　　　　附图1-5　李尔公司标志

6. 法雷奥公司（Valeo）

法雷奥集团是一家独立的汽车零部件供应商，为轿车和载货汽车设计、开发、生产并销售汽车零部件、集成系统及模块。目前，法雷奥公司已经成为全球领先的汽车零部件供应商。该集团拥有129家工厂、65个研发中心以及9家配件销售中心，遍及26个国家。

7. 爱信精机公司（Aisin Seiki）

公司大约95%的销售额来自汽车零件，但该公司也制造冷藏设备和切割机，以及床、缝纫机等消费产品。爱信精机在美国、欧洲、亚洲和澳大利亚均设有子公司。丰田拥有公司大约27%的股份。爱信精机是丰田汽车的会员公司，公司生产传动系、制动系、冷却和润滑系统、车门和锁、汽车导航系统等汽车零件。

8. 日本矢崎公司（Yazaki）

日本矢崎总业株式会社是世界上最大生产汽车线束的跨国公司，在全球35个国家设有150多家生产、销售、研发等分支机构。其业务包括电气分配系统、电子元件、仪表、连接件。

天津矢崎汽车配件有限公司成立于1988年，坐落于天津经济技术开发区，是矢崎公司在华投资的第一家企业，亦是天津第一家外商独资企业。重庆矢崎仪表有限公司是由中国四联仪器仪表集团——重庆检测仪表厂和日本矢崎总业株式会社为主投资方创办的中日合资经营企业，主要开发、生产及销售汽车仪表及其零部件产品。

9. 赛胜布德汽车公司（Thyssen Krupp）

德国赛胜布德公司是全球最大的科技集团之一，其分布在全世界负责集团内主要业务的员工超过18.4万人,业务主要涉及钢铁产品、资本货物和服务等领域。依靠在制造业的发展经验,集团不断增强在钢铁、汽车、电梯、技术和服务这5个业务部门的系统解决方案和创新服务方面的能力。集团将继续优化内部的资产组合,以确保集团能具有长期的盈利能力,并保持集团的自身价值。其业务包括车身系统、底盘模块、动力、动力系统、悬架系统、转向系统。

10. 曼内斯曼汽车公司(Mannesmann)

曼内斯曼公司是全球汽车零部件的主要供应商,1999年推出的VDO Dayton MS 4100是第一套完整的汽车音频及导航系统。它不仅装备有一套先进的电脑动态导航系统(TMC),还有顶级的RDS调谐器、多碟CD播放器、大功率的4声道功放和内置的DSP效果处理。

11. 杜邦公司(Dupont)

杜邦公司是一家以科研为基础的全球性企业,为提高人类在食物与营养、保健、服装、家居及建筑、电子和交通等生活领域的品质提供科学解决之道。杜邦公司成立于1802年,在全球70个国家经营业务。为促进公司持续发展的能力,杜邦公司于2002年2月组建五个根据市场和技术划分的业务增长平台,并设立一家纺织品和室内饰材全资子公司。杜邦的五个增长平台是:杜邦电子和通信技术、杜邦高性能材料、杜邦涂料和颜料技术、杜邦安全防护、杜邦农业与营养。其主要产品包括涂料、工程聚合物、光纤、化学品、冷冻液、抛光剂、小型电机和变速器组件。

附录二　配件主组号和分组号的代码分类情况

配件主组号和分组号的代码分类情况　　　　　　　　　附表 2-1

主组号	主组名称	包含的分组号
10	发动机	1000～1022
11	供给系统	1100～1128
12	排气系统	1200～1207
13	冷却系统	1300～1313
15	自动变速器	1500～1504
16	离合器	1600～1607
17	变速器	1700～1706
18	分动器	1800～1804
19	副变速器	1900～1902
20	差速器	2000～2004
21	汽车电驱动装置	2100～2105
22	传动轴	2200～2241
23	前桥	2300～2311
24	后桥	2400～2410
25	中桥	2500～2512
27	支撑连接装置	2700～2731
28	车架	2800～2810
29	汽车悬架	2900～2960
30	前轴	3000～3003
31	车轮及轮毂	3100～3106
32	承载轴	3200～3202
33	后轴	3300～3303
34	转向器	3400～3413
35	制动系	3500～3550
36	电子设备	3600
37	电气设备	3700～3774

续上表

主 组 号	主 组 名 称	包含的分组号
38	仪器设备	3800～3871
39	随车工具及附件	3900～3921
42	特种设备	4200～4240
45	绞盘	4500～4509
50	驾驶室	5000～5012
51	地板	5100～5112
52	风窗	5200～5207
53	前围	5300～5310
54	侧围	5400～5410
56	后围	5600～5612
57	顶盖	5700～5712
60	车篷及侧围	6000～6005
61	前侧车门	6100～6110
62	后侧车门	6200～6210
63	后车门	6300～6311
64	驾驶人车门	6400～6408
66	安全门	6600～6607
68	驾驶人座	6800～6807
69	前座	6900～6908
70	后座	7000～7007
71	乘客单人座	7100～7107
72	乘客双人座	7200～7207
73	乘客三人座	7300～7307
74	乘客多人座	7400～7407
75	折合座	7500～7507
78	隔板墙	7800～7805
79	无线电通信设备	7900～7910
81	空气调节设备	8100～8112
82	附件	8200～8219
84	车前钣金零件	8400～8405
85	货箱	8500～8515
86	货箱倾斜机构	8600～8616

参 考 文 献

[1] 郭玉龙,焦琳琳.汽车配件管理与营销[M].武汉:华中科技大学出版社,2017.
[2] 宓亚光.汽车配件经营与管理.[M].4版.北京:机械工业出版社,2014.
[3] 韦焕典.现代汽车配件基础知识.[M].2版.北京:化学工业出版社,2017.
[4] 吕琪.汽车配件管理[M].北京:人民交通出版社股份有限公司,2017.
[5] 常兴华.汽车配件营销与管理[M].青岛:中国石油大学出版社,2018.
[6] 刘军.汽车配件采购·营销·运营实战全书[M].北京:化学工业出版社,2016.
[7] 黄敏雄.汽车配件营销与管理[M].北京:人民邮电出版社,2017.
[8] 张彤.汽车售后配件管理[M].北京:机械工业出版社,2016.